LES ENFANTS
D'ABORD

Christiane **ROCHEFORT**

LES ENFANTS D'ABORD

BERNARD GRASSET
PARIS

Avertissement

Les femmes et les non-blancs ayant crié assez fort, on leur a finalement consenti le statut d'opprimés. Mais on ne pense pas encore aux enfants, car ils se taisent.

De tous les opprimés doués de parole, les enfants sont les plus muets.

Les cris et fureurs qui émanent du groupe ne sont pas perçus comme protestation inarticulée, mais comme un fait de nature : les enfants, ça crie. Nul être pourtant ne crie sans raison.

« Les enfants » (la seule définition précise et recevable du terme étant celle de la Loi : personnes de 0 à 18 ans) ne disposent pas de moyens de s'exprimer. Ils n'y sont pas invités, les décisions qui les concernent étant prises sans leur avis. Ils croient qu'ils ne savent pas, étant dits ignorants bien qu'on les instruise six heures par jour. Et par-dessus tout ils n'osent élever la voix, étant pour leur survie dans la dépendance totale des adultes, qui ne permettent pas la mise en question de leurs Œuvres — ces œuvres qui seront l'héritage forcé des gens aujourd'hui jeunes, et muets.

Ce sont les adultes qui parlent pour les enfants, comme les blancs parlaient pour les noirs, les nommes pour les femmes. C'est-à-dire de haut, et de dehors.

Entre les adultes qui parlent des enfants comme ils les veulent, et les enfants qui ne peuvent pas parler pour eux-mêmes, la passe est étroite. Et la mystification se porte bien.

Il faudrait pourtant sortir de là.

Mais être « adulte » après tout n'est qu'un choix, par lequel on s'oublie, et se trahit. Nous sommes tous d'anciens enfants. Tout le monde n'est pas forcé de s'oublier. Et dans la situation dangereuse où le jeu adulte aveugle nous a menés, et veut entraîner les plus jeunes, l'urgence aujourd'hui presse un nombre croissant d'anciens enfants qui n'ont pas perdu la mémoire de basculer côté enfants.

Ayant longuement vécu dans la cité, on connaît la mécanique du jeu adulte. On peut en montrer les rouages.

Comme ancien enfant qui a gardé la mémoire, on se souvient que la dépendance nous mettait un bâillon, et que l'éducation nous bandait les yeux, nous imposant non seulement des conduites mais des façons de sentir, conformes au projet adulte, et qui invalidaient notre expérience. On peut le dire, et confirmer l'expérience. On ne parle pas du dehors, « sur » les enfants, on parle du dedans, et de soi.

Ce n'est pas un travail objectif. Mais les enfants ne sont pas des objets.

C'est dans cette marge étroite que se situe cette tentative : il faut commencer quelque part.

Cela implique que, si pas comme enfant, c'est comme ancien enfant qu'il faudrait regarder ce qui suit.

Une parmi des anciens enfants.

Point d'information, en guise d'exposé des motifs

Dans le cadre de la « campagne anti-violence » menée par le gouvernement des États-Unis, un projet, déposé par M. Nixon en son temps, prévoit que les enfants de six ans seront soumis à des tests destinés à détecter leur « potentiel de violence ».

Les petits « préviolents », placés d'office dans des écoles spéciales, y seront rééduqués au moyen d'une drogue utilisée dans les instituts psychiatriques, et qui a les effets d'une lobotomie.

Welcome

« Nous ne sommes pas au monde. »
ARTHUR

Il existe sur Terre une espèce animale où le petit sortant du ventre de sa mère est pris par les pattes de derrière et, tête en bas, battu, jusqu'à ce qu'il hurle, par un adulte. Puis ayant été retourné en tous sens, il est emballé, et déposé à l'écart. Le corps nourrissant et chaud qui l'enveloppait et sur lequel, comme tout animal, après l'épuisant labeur de naître, il aspire à reposer, est hors de sa portée. A l'instant craché dans l'espace immense il y trouve le vide, et vit solitaire l'aventure la plus fondamentale qui fut et sera jamais vécue. Il n'est pas au monde, mais à côté. Il n'a aucune prise, tout vient du dehors quand ça veut. Tout ce qu'il peut c'est crier.

Le petit de cette espèce a le cri le plus rageur et lamentable de toute la faune terrestre.

L'adulte, qui, lorsqu'il entend dans la nuit la voix appelante insistante d'un petit chat, sait qu'il s'agit d'un abandonné, ne songe pas à interpréter les cris de son propre petit : il en a l'habitude, il les a toujours entendus. Il les trouve « naturels ». Que le sien soit le seul à en pousser de si désolés, et qui perdurent si longtemps après la naissance, ne fait lever en lui aucune question.

*

Un jour, après bien longtemps, des savants, analysant des troubles de l'émotion chez l'individu de cette espèce, découvrirent qu'il aspire à retourner dans le sein maternel (Otto Rank). Ils virent là un trait de psychologie original. Une tendance innée à n'aimer point la vie, en quelque sorte. Trait assez local au reste, mais les analyseurs n'étant point explorateurs, ils n'allèrent pas voir ailleurs comment ça se passait.

Bien du temps encore après, d'autres savants, ayant voyagé, et mieux regardé, s'avisèrent que ces petits montraient simplement les signes ordinaires de la souffrance et de la peur, qu'on observe chez l'être sans défense brutalement traité. Les coups, dirent-ils, ne sont pas l'unique manière d'aider un petit mammifère à respirer (c'est pour l'aider à respirer qu'on lui tapait dessus, pas fort selon les préposés, qui jugeaient d'après leurs muscles et cuir).

En effet quand on y réfléchit, on est surpris que jamais la curiosité ne se soit éveillée là-dessus. Surtout la curiosité scientifique, qui touche pourtant à tout. Et que durant des siècles les adultes aient tous trouvé ça « naturel » — quand aucun « animal » ne le fait.

Les savants proposent de laisser le petit sur le ventre de sa mère, le temps que le cordon irrigateur, dont c'est la fonction, fasse le relais de la respiration, et que les poumons se défroissent ; et ils évitent les bruits, lumières et gestes violents au nouveau-né. Ils appliquent leur méthode, avec succès : les petits respirent ! Sans qu'on les batte ! Ensuite, on n'entend pas ces fameux cris lamentables

Sans doute s'ensuivit-il un grand soulagement pour les adultes de cette espèce malheureuse? et les pratiques inutilement brutales furent-elles aussitôt abandonnées?

Eh non. Ce fut un tollé contre la nouvelle méthode. Les savants furent rejetés par leurs pairs, amenés à presque se retirer. Ils entreprirent, au nom de la simple vérité, une lutte qui à leur étonnement, s'avéra politique. Le livre où la méthode était exposée (Frédérick Leboyer, *Pour une naissance sans violence*, Seuil 1974), devint un best-seller dans plusieurs pays, le film bouleversa les spectateurs. Au niveau des gens, quelque chose se passait. Mais l'appareil résista. L'information ne descendit pas à la masse. On parla dans la presse féminine à grande circulation de retour à l'âge des cavernes (Françoise Tournier : « Accoucher dans le noir? Nous refusons! », *Elle,* mars 74). La naissance douce resta l'exception, n'entra pas dans les hôpitaux publics, rien ne bougea. Et les nouveaux venus continuèrent comme par le passé d'être reçus par le bon vieux comité d'accueil.

Dès lors on doit questionner les motivations des mâles dominants de l'espèce : ce qui leur importe, ce n'est donc point que les petits respirent? C'est leur taper dessus à l'arrivée? Ils y tiennent, à leur fessée? Aurait-elle donc une fonction culturelle essentielle?

La fessée d'accueil est une spécialité des sociétés humaines à structures patriarcales, qui occupent actuellement presque toute la Terre sous des formes diverses, dont celle où nous-mêmes naissons et sommes fessés, qui est la plus avancée de toutes. Ces sociétés reposent sur des rapports de domination.

L'entreprise mondiale d'exploitation

« Oh, ma mère, pourquoi m'as-tu donné la vie? »
JÉRÉMIE

La mécanique du jeu

Le monde où nous naissons — la société industrialisée — est, et ne cherche même plus à cacher qu'il est, une Entreprise mondiale d'exploitation des choses, bêtes, et gens, par un petit nombre de personnages, dont certains sont même connus par leur nom (exemple : Paul Getty, « l'homme le plus riche du monde », devenu célèbre à la suite de l'enlèvement de son petit-fils et de son refus de payer la rançon), tous adultes, mâles, et blancs (à part quelques Japonais mais ils ont beaucoup blanchi à l'air des Hilton hotels), qui, à force d'éliminer les plus faibles, ont concentré et concentrent sans cesse davantage dans leurs mains les biens et les pouvoirs.

Ces personnages sont l'aboutissement logique de la mécanique des rapports de compétition et domination, enclenchée dans les sociétés patriarcales.

Bien qu'ayant conservé une forme à peu près humaine, ils sont en train de devenir aujourd'hui une force aveugle, une abstraction régnante, un grand ordinateur servi par des vestons interchangeables. Cette Force Aveugle avance droit devant elle comme un bulldozer, en s'emparant de tous les matériaux et de toutes les énergies terrestres, qu'elle exploite à son profit afin d'avancer encore et dévorer des énergies, afin d'avancer encore.

L'énergie humaine est, pour l'exploitation, la plus nécessaire et précieuse, car seule elle peut obtenir les autres énergies, et les domestiquer.

Mais cette énergie est aussi la plus difficile à contrôler : ces humains sont qualifiés au point d'être capables d'autonomie, de conscience, d'imagination, et éventuellement de résistance. Ce qui rend leur exploitation malaisée. On doit les traiter avant utilisation, et les amputer de ces malencontreuses propriétés. Cela, le plus tôt possible. Sur l'individu grand et ayant acquis du jugement c'est trop tard. Comme le cancer, la conscience doit être opérée à son début. Il faut intervenir sur le petit enfant, faible et sans méfiance.

L'opération consiste à lui sauter dessus à l'arrivée, profitant de ce qu'il est sans défense pour, lui ayant montré qu'il a affaire à plus fort que lui, l'immobiliser, l'isoler, et lui faire comprendre qu'il dépend pour sa vie d'un bon vouloir extérieur qu'il doit se concilier. On usera le temps où il est réduit à l'impuissance pour lier ses énergies et ses désirs, et on lui imposera un statut de dépendance légale, économique, institutionnelle, de sorte qu'il ne quitte le berceau que pour la laisse, qu'il chérisse sa laisse, et ne la quitte par la suite que pour le « libre » consentement à l'exploitation.

Bien que la Force Aveugle soit par essence violence, et génératrice d'hommes violents, que ses servants entretiennent un affectueux commerce avec la mort qui tant leur ressemble, et n'hésitent devant aucun massacre profitable, le « libre » consentement à l'exploitation est, pour la bonne marche de l'Entreprise, techniquement préférable, et plus économique. Le volontariat aveugle, et si possible heureux, est appelé, sauf accident, à prendre le relais de la contrainte nue. Plus besoin de crever les yeux de l'esclave, il les fermera.

De toute façon, si jouissif que ce soit pour les zélés servants de la Machine de faire de la bouillie avec des populations rétives, un minimum de consensus à la base est indispensable, sinon tout péterait.

Le consensus se forme premièrement dans la famille.

Définie en termes d'Entreprise, la famille, institution sous contrôle, est une petite unité produisant, par un moyen artisanal, (on n'en connaît pas d'autre pour le moment), non pas des enfants, mais *un certain modèle d'humain,* propre à assurer, comme exploité en général, et comme exploiteur pour quelques exemplaires sélectionnés, la continuité et l'expansion de l'Affaire.

La fonction des parents, en termes d'Entreprise, est d'élaborer, à partir du matériau brut enfant, le modèle domestiqué, conforme à la demande.

Et statistiquement, ils le font. La preuve : l'Entreprise continue de marcher. S'ils n'exécutaient pas la commande sociale, le truc se casserait la gueule aussi sec. En une génération.

Les parents au piège

Ils le font, parce qu'ils ont déjà été eux-mêmes traités, par des parents qui l'étaient également, par leurs parents, traités. C'est une longue Histoire, une chaîne sans fin.

Naturellement, ils ne ressentent pas les choses ainsi. Car ils ont été traités à les ressentir autrement : comme leur « tendre devoir ». Ils éduquent, forment, contrôlent leurs enfants, par amour et pour leur bien (« C'est pour ton bien »), et leur protection. Ils désirent généralement leur bonheur, et sont persuadés de le faire en les intégrant dans la société, qu'ils ne mettent pas en question, et dont ils sont les outils inconscients. Ils ne savent pas que l'éducation est politique. Ils croient que c'est une affaire privée.

Si on leur disait qu'ils sont des outils inconscients qui exécutent une commande sociale, ce serait un massacre. Papa, sais-tu pour le compte de qui tu t'efforces de faire de moi un mouton? Maman, sais-tu pour le compte de qui tu t'échines à faire de moi la victime consentante que tu as été toi-même?

« Petit insolent, c'est comme ça qu'on parle à son père ! »

« Entendre ça, après tous les sacrifices ! »

Telles seraient vraisemblablement les réponses, au cas où un enfant oserait aborder un tel sujet en famille.

Comment pourraient-ils ouvrir les yeux sur une réalité qui frapperait de nullité leur vie entière et leurs œuvres, et anéantirait l'illusion qu'ils ont d'être des personnes?

Mais s'ils sont piégés alors ce n'est pas leur faute ils sont victimes aussi !

Point d'ordre

On se placera résolument, ici, au point de vue des « enfants ». Cela pour raison d'urgence : il faut passer les enfants d'abord, comme dans les naufrages. Parce que naufrage il y a.

On doit s'accrocher fermement à ce point de vue,

auquel apparemment on n'est pas habitué. Certainement les parents sont victimes aussi. Mais on ne peut pas analyser ensemble parents et enfants : ce ne serait plus une analyse, ce serait une discussion, une litanie de « Oui, mais... », ne menant à rien. C'est un fait d'expérience que lorsque dominé et dominant discutent ou sont étudiés ensemble, le dominant domine, et on se retrouve au même point. En analyse d'oppression la méthode est chacun son tour, et à part. L'opprimé d'abord.

Mais, pour négocier le virage côté enfants, si difficile à prendre, et éviter les interventions défensives qui empêcheraient toute lecture, on va donner, au préalable et à part, un rapide condensé de la condition des parents dans nos sociétés. Ainsi verra-t-on mieux l'ensemble du décor, qui est d'une éprouvante complexité.

Il sera plus facile ensuite de se maintenir, sans loucher, dans l'optique choisie, celle des personnes appelées enfants.

Exploitation de la condition parentale

« Remplissez la Terre, et l'assujettissez. »
DIEU

Quelques millénaires en quelques lignes

D'abord un survol de ce qui nous a menés où nous sommes. Ne remontons pas aux origines, qui sont mal connues, mais seulement jusqu'à Adam et Ève. Les anciennes sociétés patriarcales, source des nôtres, reposent sur des rapports de domination. Les aînés mâles commandent. Les enfants, comme le bétail les femmes et tout, appartiennent au chef de famille, qui a le droit de les tuer et sinon le devoir de les nourrir jusqu'à ce qu'ils soient capables, très tôt, de travailler à leur tour pour la tribu, selon leur devoir à eux. L'énergie ne sort pas de la famille. Le patriarche, force de travail spirituelle, transmet impérieusement les codes qui assurent le maintien de ces sociétés à population et moyens de production limités, avec autorégulation par catastrophes naturelles (épidémies épizooties séismes sauterelles. etc.). La famille patriarcale est une unité de production, forme parmi d'autres, et fort rigide, d'adaptation au milieu.

Le germe de l'expansion est dans ces sociétés. La charte de fondation de notre patriarcat d'origine l'indique d'ailleurs sans fard (Genèse, 1, 28). Conquêtes et compétition sans fin y sont inscrites.

Les dominants s'affrontent pour remplir davantage de Terre et assujettir de plus en plus de choses, bêtes, et gens. Ils s'approprient les énergies et moyens techniques susceptibles d'augmenter leur puissance. Toutes ces quantités, croissantes, et se faisant croître l'une l'autre, enclenchent une dynamique explosive (exponentielle), qui au cours des siècles — avec un bond fantastique au moment où les moyens techniques permettent une appropriation massive d'énergies, et où le facteur « catastrophes naturelles » est mieux maîtrisé — accouche, par mutations successives dites « révolutions », de formes sociales à croissance de plus en plus croissante et à domination de plus en plus étendue sur une population de plus en plus peuplante, avec concentration de plus en plus concentrée des biens et des pouvoirs — processus tendant vers l'explosion, car une telle accélération de plus en plus accélérée de quantités massives ne peut pas finir autrement. Avec un bon ordinateur on peut tracer cette courbe.

C'est comme ça que nous sommes arrivés dans la présente mutation, qu'on appelle société en expansion quand on est parmi les exploiteurs, et, quand on est parmi les exploités, capitalisme monopoliste. La dernière peut-être avant l'explosion définitive.

De fait, sont déjà prévues avec beaucoup de sang-froid l'explosion démographique (datée à environ l'an 2030); l'explosion technique (nucléaire, non datée); l'explosion de la Nature (catastrophe écologique, genre tremblements de terre généralisés, ou autre); l'explosion tétanique (blocage général). Mais pas encore l'explosion des rapports de domination (le moteur initial), qui paraît pourtant la plus passionnante et inspirante.

Les parents actuels sont encore propriétaires de leurs descendants mineurs, et en particulier responsables de leurs méfaits et casses.

Mais, à mesure que le pouvoir est plus centralisé, il tend à prendre le contrôle de tout. C'est dans ce mouvement de mainmise, qui porte pavillon de « Progrès de la Démocratie », que le chef de famille a été progressivement dépouillé de ses droits absolus. Ce « progrès » est un déplacement du pouvoir : mutation au sommet.

La Loi défend aux parents de tuer ou abîmer leurs descendants. C'est désormais l'État qui se le permet, en cas de guerre, service militaire, tortures, répressions, ainsi qu'accidents du travail, de la route et autres dans l'intérêt de l'industrie.

La Loi enjoint aux parents de faire instruire leur progéniture dès l'âge tendre, ce qui revient pour la quasi-totalité à les remettre aux établissements éducatifs gratuits de l'État. Les établissements privés revenant au même en plus cher. L'instruction à domicile par parent n'est pas interdite, bien que contrôlée, mais qui le sait? Et qui le peut? Au moyen de l'école, qui porte toujours son vieux pavillon de « l'instruction égale pour tous », l'Entreprise d'exploitation tend à disposer de plus en plus, par-dessus la famille, des nouvelles générations. Les États — agents d'exécution de l'Entreprise, qui a ses hommes dans les gouvernements, les fait et défait — les États font des décrets structurant l'enseignement en fonction directe des besoins de l'industrie, l'industrie passe ses commandes, et l'école sert, en dépit des résistances internes. Et on voit des parents aller se débattre à l'école, essayant par des suppliques d'infléchir le destin de leurs rejetons jetés en pré-apprentissage. (Quelques-uns s'unissent pour constituer des écoles parallèles). L'avenir des enfants n'est plus déterminé par les parents. La tendance en monopolisme est la prise en main directe des enfants, et le retrait de toute autonomie aux personnes, c'est-à-dire au peuple.

Après « formation », l'État, toujours, prend les fils dans son appareil militaire : le dernier tour de vis, la finition ; les objecteurs et inconformes étant si possible brisés. Puis lesdits fils, bien à point, sont jetés sur le marché du travail. Les filles l'étant de préférence sur le marché du mariage où elles sont plus avantageuses à l'Entreprise pour l'entretien gratuit de la force de travail, et la production et l'élevage des petits (selon les besoins de l'exploitation, une certaine proportion est admise dans des emplois subalternes ; selon le degré d'agitation, quelques exemplaires féminins sont mis en vitrine pour éblouir le reste).

Une fois terminés, les jeunes quittent leurs parents, vont essaimer ailleurs, vivement encouragés à fonder à leur tour un « foyer ». La famille est éclatée en micro-unités, aisément contrôlables car minuscules, fermées, sans force, sans solidarité. Faciles à mettre en cages, à manipuler, à doter de structures mentales concurrentielles, égotistes, routinières, timorées ; à ensemencer en virus émotionnels et fermentations diverses habituelles aux vases clos. Par-dessus le marché ça multiplie la consommation, par mise en rivalité, et entassement d'objets à vocation collective dans des mains privées : c'est gagné sur tous les tableaux. (Le coup tous-tableaux est un génie de cette caste dirigeante, ménagère de ses munitions.)

Les parents seraient donc plutôt aujourd'hui des sortes de dépositaires provisoires, et des agents techniques, à pouvoirs restreints.

Leur tâche peut être définie comme un service d'élevage super-qualifié.

Exploitation

Et non rétribué : les parents ne vendent pas leurs petits, comme les autres éleveurs, à l'Entreprise de ramassage. Ils les *donnent*. Rien ne leur revient en fait de l'énergie investie dans les enfants : ceux-ci sont pratiquement dispensés d'entretenir leurs ascendants en retour du service reçu, et souvent n'en ont pas les moyens — car l'Entreprise s'approprie la totalité de leur force de travail pour en tirer la plus-value. De là une ambiguïté tragique pour les parents : les structures mentales ne suivant pas les réalités économiques galopantes, les parents restés dans l'illusion patriarcale, et mesurant les peines endurées, croient que leurs enfants leur doivent quelque chose, et souffrent une intolérable frustration à cause de leur « ingratitude ». Une analyse correcte desdites réalités économiques permettrait seule de désigner la vraie source de tous ces malheurs — que l'on croit privés parce qu'ils sont vécus dans l'isolement, mais qui sont de nature sociale.

La société moderne a ôté aux parents les droits absolus de jadis mais leur a laissé les devoirs. L'entretien des petits et même des grands (16, 18 ans!) est à leur charge. Élever un enfant coûte, en pur argent (énergie, temps, angoisses non compris) autour de 200 000 F (20 millions anciens).

Une étude plus poussée de la fonction parentale pourrait contenir un calcul de l'économie ainsi réalisée par l'Entreprise, bénéficiaire réel de l'élevage, sur une population donnée.

Ce « devoir » est appelé naturel. Comme le travail domestique des femmes mariées, notez. Lequel n'est pas rétribué non plus. Cette analogie n'est pas un hasard, mais une économie : le mot « naturel », dans le glossaire de la bourgeoisie, a pour fonction de soutirer un travail gratuit, c'est-à-dire un servage. Les parents sont persuadés pourtant qu'ils élèvent leurs petits par amour. C'est ainsi que leur amour est le fondement de l'appropriation de leur énergie.

Ce « devoir naturel » est impératif. Y manquer s'appelle abandon. L'Assistance publique, prenant les enfants « abandonnés » par des parents « dénaturés » (la société parle une langue hautement morale), est l'alternative. Et honte à qui y recourt. Les parents sont coincés.

Ainsi, à leurs propres frais, avec leurs énergies, au besoin en se saignant aux quatre veines pour élever leurs petits « décemment » selon les critères mêmes de ces gens-là qui ne leur donnent même pas un salaire « décent », ils font de leurs enfants une valeur-travail, laquelle est aussitôt raflée par cesdits gens-là afin d'en tirer pour eux seuls profit. Bravo.

Les parents sont les pigeons de l'Entreprise. Leur énergie leur est volée. On se sert d'eux pour rendre les jeunes exploitables et contrôlables.

Après ça on les balance. En société de consommation on jette tout après usage.

Triste fin du patriarche

Cette société n'a rien à faire des vieillards sans force de travail utilisable, et qui n'ont à transmettre qu'un « de mon temps » dont il n'y a plus

26

trace. Pour la transmission des codes, qui changent si vite que ça s'appelle « être dans le vent », il y a la télé et autres media, sous contrôle. Les vieux n'ont aucune fonction dans la vie moderne, où en même temps des fortunes sont englouties dans des recherches en vue de prolonger la vie humaine. On ne les tue pas toutefois. Mais, afin que ces résidus de fabrication ne fassent pas trop de vagues, (ils votent), l'État se contente de les laisser s'éteindre à petit feu au moyen du reversement partiel, judicieusement nommé « retraite », des économies faites par eux sur leurs bas salaires durant toute leur vie de travailleurs, et s'il vous plaît c'est un cadeau prière de dire merci humblement[1]. La fonction des vieux c'est attendre la mort. De plus en plus souvent à l'hôpital, car personne n'en veut. En attendant qu'on les parque tous ensemble dans des ghettos spéciaux[2]. Pour leur bien voyons ne sois pas mauvais esprit, pour qu'ils aient de la compagnie. Pas gratuits les ghettos d'ailleurs, et on parle déjà de scandales, aux U.S.A. pays pilote, à propos d'hospices qui ne nourrissent pas leurs pensionnaires. Une autre utilisation du vieillard se profile à l'horizon : cobayes pour les recherches gériatriques, puis consommateurs de produits anti-vieillissement. Ce sera un progrès sur l'hôpital allons. Et puis ce ne sera pas long. L'ennui tue.

C'était : la condition des vieux en société avancée.

Le capitalisme a phagocyté le patriarcat. Ce n'est

1. L'opération « mise à la retraite » atteint les campagnes, bastion du patriarcat traditionnel. Le vieux quitte sa ferme et va végéter ailleurs avec une pension, tandis que les jeunes vont servir l'industrie (jeunes Bretons en Alsace, etc.). Après on peut remembrer à l'aise. Coup « tous-tableaux ».

2. Le Capitalisme sépare les tranches d'âge, de revenus, de cultures, etc. Il quadrille le peuple.

pas un rapport de filiation mais de devoration. Il n'a laissé que les os : il exploite les structures.

A l'autre bout de la chaîne le patriarche passe a la poubelle. Il a été dépassé par la dynamique de la domination même.

Après tout il n'avait qu'à ne pas la démarrei Trop tard pour pleurer, grand-père.

A moins que, la retraite survenant de plus en plus tôt, les « vieux » ne l'étant plus et y voyant encore clair se constituent en groupe de revendication?

Ambiguïté de la condition d'officier subalterne

Le couple-agent technique a rang (il n'est pas payé mais du moins il est gradé) d'officier subalterne et sous-officier. Car il est composé de deux termes inégaux : la mère, située quelque part entre l'adjudant et le caporal, pour les basses-œuvres; le père pour les hautes, entre le sous-lieutenant et le capitaine. Tous deux ayant entre eux un rapport de classes, économique (la femme dépendant économiquement du mari « normalement ») et sexuelle (sanctionnée par le devoir conjugal, obligation légale remplie avec plus ou moins de bonheur).

Jadis relation économique, le mariage est aujourd'hui un amalgame d'économie, de contrainte légale, de sexe, de sentiments variés et variables Une étude complète de la condition parentale aurait à décaper le tableau conjugal du vernis idyllique, et toxique, dont les media le recouvrent obstinément afin de ne décourager personne.

Cet alliage instable, parfois explosif, bourré de charges émotionnelles, lieu du non-dit, a mission d'éduquer — ce mot de pouvoir signifiant : réduire l'enfant aux normes

Étant humains et non robots, pleins de contradictions, de frustrations, croulant sous les tracas, à côté de leurs pompes comme tout le monde, et parfois même doués de conscience, ou d'intuition, les parents ne sont pas des instruments parfaits. Ils font des erreurs. Et c'est notre veine : nombre d'anciens enfants qui s'en sont à peu près tirés disent qu'ils doivent leur salut à la pagaille et à l'échec de leur éducation. Des ordinateurs feraient certes mieux l'affaire de l'Entreprise. A partir de bébés-éprouvettes par exemple, et c'est pourquoi il faut se méfier de la chose, à première vue si pratique.

La marge d'erreur (par rapport à la commande) tend à croître avec la décadence des principes sacrés, le mode de vie névrosant, les fuites de l'information (on ne peut pas tout contrôler, des étincelles s'échappent, Reich, Laing-Cooper, Bettelheim, Leboyer, Summerhill, etc.), la pression des jeunes eux-mêmes, et semble-t-il une montée générale de conscience.

On ne peut plus vraiment se fier aux parents. Certains se sont même mis à penser. Aussi ces outils incertains sont-ils de plus en plus secondés, guidés dans leur mission. La voie est balisée : bons conseils répétitivement prodigués par les media, entourage, voisins, ascendants veillant au grain, tous redresseurs de tort bénévoles : institutions, corps médico-pédiatrique, psychologique de plus en plus souvent, scolaire. Et, pour que rien ne soit laissé au hasard, les parents seront enfin eux-mêmes éduqués. Ils ont à présent des écoles où éponger les gaffes et apprendre à marcher droit au milieu de toute cette confusion. Ils ne pourront plus se tromper.

Ainsi, fermement maintenus dans la ligne juste, à part quelques bavures (bénies soient-elles), les parents ont peu de chance d'échapper à leur rôle, dont la nature politique leur est soigneusement cachée. Pour la découvrir, il faut avoir accès à la culture : l'information ne descend pas à la masse, elle est bloquée ou dénaturée avant, au niveau des media destinés au peuple, et pour cela dits « populaires ».

Ceux qui parviennent à prendre conscience de leur rôle, et entrent dans la résistance, se heurtent à de sérieuses difficultés. Ils sont minoritaires. La majorité écrasante, entourage media école presse et littérature « pour » enfants, tout se chargera de rectifier leur tir, fatalement tâtonnant puisqu'ils inventent. Mauvais rapport de forces. Ils seront déchirés, accusés, coupables, on les persuadera qu'ils rendent un bien mauvais service à leurs petits (en ne les préparant pas à être des loups parmi les loups), et il arrivera que les petits eux-mêmes souffrant d'insécurité (parmi les loups) leur reprochent de manquer de cette autorité qui rend tous les autres enfants si heureux, et leur mènent la vie dure. Tout l'environnement, agissant sur tous les sens, force dès le début de la vie les jeunes dans des rapports dominant-dominé. Si tu ne me domines pas, je te domine. La structure fatale est intériorisée dès 5 ans.

Sortir de là n'est pas totalement impossible. Mais quel travail. Quelle énergie. Quelle attention. Quel temps, quelle disponibilité. Et qui peut se lancer dans une affaire pareille? Peu, jusqu'à ce que le mouvement amorcé dans cette voie s'implante assez pour devenir un soutien et une alternative.

En attendant, la masse des parents, sans remettre en question les principes qui leur ont été à eux-mêmes inculqués, font le job, s'efforçant avec ingénuité de réduire les « rebelles », et de livrer des modèles conformes, « bien élevés », comme on dit, compétitifs ou consentants (sachant « tenir leur rang » ou « rester à leur place ») selon sur quel barreau de l'échelle économique, sexuelle, ou raciale, leur naissance leur permet de grimper.

On fait un bruit d'enfer des parents modernes « permissifs ». C'est la vieille technique de l'épou-vantail. La réalité est : les enquêtes montrent qu'une majorité massive réclame pour les enfants une éducation plus sévère, dans tous les pays « avancés ».

*

Ah comme ils l'ont facile là-haut ! En faisant une loi de la cohabitation des enfants et des parents et de la hiérarchie dans la famille, les pouvoirs jouent sur le velours : si les plus petits renâclent contre leur condition, voire contre les institutions elles-mêmes, ce sont les parents qui ont la vie impossible, pas les institutions. Les parents exercent alors leur autorité pour avoir la paix « chez eux », car ils se croient chez eux.

Ils se leurrent — ou plutôt sont leurrés. L'idée que les relations interfamiliales sont affaire privée est une illusion. Ne serait-ce d'abord que du fait que la cohabitation est·obligée par la loi, aucun ne pouvant s'y soustraire : les enfants ne peuvent pas s'en aller mais les parents ne peuvent pas non plus les mettre dehors; et ensuite, du fait que la hiérarchie est instituée également par la loi. Les structures sont données de l'extérieur, et non modifiables à volonté. Il n'y a pas là de choix personnel. Et le fonctionnement est contrôlé. La famille est censée donner d'elle une certaine image, « honorable ». Elle est vulnérable aux pressions de l'environnement, voire accessible aux interventions directes des Autorités elles-mêmes : les assistantes sociales pénètrent à l'intérieur des foyers, agissent sur les parents, font des rapports. En cas de « déviance » des mesures sont prises. Cette illusion d'un domaine privé est un piège où à peu près tout le monde se laisse prendre. Non, on n'est pas chez soi.

A l'intérieur de la famille, dont les membres sont inégaux, et obligés de demeurer ensemble, les Pouvoirs, ayant constitué enfants et parents en antagonismes, les laissent s'affronter, et recueillent sans frais le bénéfice du maintien de l'ordre.

*

Mais, s'ils· ne peuvent échapper, alors ça n'est vraiment pas de leur faute !

Ça n'est pas de leur faute et ça continue comme ça dans les siècles des siècles.

Nous quand on dit : on ne l'a pas fait exprès, ils trouvent que ce n'est pas une excuse.

En fait il n'est interdit à personne, surtout grande, de réfléchir à ce qu'elle fait. Les grandes personnes ont accès à l'information, si elles veulent.

L'information est truquée.

On peut faire un effort, non ?

Ça c'est la douloureuse question de l'aliénation, et de la responsabilité humaine.

C'est compliqué. Mais tout de même les gens ont au moins un choix : ils sont libres de prendre ou non le rôle de parent. Un jour, ils l'ont « fait exprès ». Ils l'ont accepté, le job. D'avance et en bloc, par un acte volontaire. Un acte décisif de la vie, dont l'importance d'ailleurs ne leur échappe pas (ô, le léger serrement de cœur, sur les marches de la Mairie... ô la nostalgie soudaine.). Ils ont signé un pacte. Ça s'appelle Mariage. On y dit « Oui », mot lourd de sens. En connaissance de cause, en ignorance de cause, sous des pressions sociales, familiales, en cas de force majeure (?), c'est ça le sens de ce contrat, signé avec les Autorités, sur les registres officiels de l'État, et accompagné de Sa bénédiction, d'un discours significatif, et d'un Livret « de Famille ». Ils ne font rien pour rien ces gens-là, peut-on encore l'ignorer? La Mairie est le bureau de recrutement des agents techniques, et on y va sur ses pieds, même si pas avec toute sa tête. On y signe[3] son appartenance à un Ordre social défini, l'acceptation des fonctions que cet Ordre implique, et la *délégation de pouvoirs*.

Et ce pouvoir qui leur a été remis, les parents l'exercent sur leurs enfants, comme chose naturelle et allant de soi. Il ne s'en trouvera guère pour seulement songer à s'interroger sur la légitimité de ce pouvoir. Bien plutôt il arrivera que pouvoir et amour vivent en symbiose : j'aime mon pouvoir sur toi. On a remarqué un détachement des pères au

---

3. Les parents délibérément non mariés n'ont du moins pas signé de pacte. Bien qu'ils subissent comme les autres les pressions sociales, ils peuvent mieux prendre leurs distances par rapport au rôle.

moment où les enfants grandissant échappent au contrôle : plus contrôlé, plus aimé.

Qui exerce un pouvoir n'est jamais innocent.

« Quoi pouvoir, quel pouvoir, de quoi parlez-vous? C'est dépassé il n'y a plus de pouvoir, c'est la démission la déliquescence, ce sont les enfants qui commandent à présent, et les parents qui sont aux ordres! » Cette chanson à la mode relève de la conjuration magique : Ce que vous attaquez n'existe pas — conclusion, rentrez chez vous.

Quelle confusion. Les parents sont blâmés pour une perte de l'autorité qui résulte du démantèlement de leur pouvoir par l'État — qui n'en laisse que ce qui lui convient.

Quelle mauvaise foi : car cette « démission » ne vaut que pour une maigre frange sophistiquée de la population qui, dans les faits de la vie quotidienne, n'ose plus exercer une autorité ressentie comme ridicule à l'égard de personnes capables d'autono-mie que la Loi maintient absurdement en dépendance. Cette minorité est brandie par les gardiens de l'Ordre moral comme si elle était le tout. C'est la technique de l'épouvantail.

Quel déni de logique : car de toute manière le pouvoir est conféré par la Loi. Par conséquent les permissions ne sont que des faveurs; donc pré-caires. Les conditions peuvent à tout moment changer (divorce, remariage, crises), et le dernier mot appartient aux adultes en tout cas. Les enfants, qui le savent, ne font jamais que jouer avec le pouvoir, à l'intérieur d'une relation de pouvoir dont la nature n'est pas changée. Ils peuvent gagner des batailles, ils ne gagnent pas la guerre. Qui est : leur formation en vue des intérêts de la société en place.

Cette guerre-là se mène par une prise de conscience des fondements politiques de l'éducation, et par le changement des lois et des structures.

*

« Chers parents. Si vous ne savez pas ce que vous faites, alors souffrez qu'on vous l'apprenne. Au moins ne détournez pas les yeux quand on vous montre. L'inconscience n'est plus une excuse quand l'information vous est offerte. Refuser de savoir, c'est déclarer votre appartenance au rang des oppresseurs.

« Vous dites que vous ne tirez aucun profit de votre position : je vous arrête. Vous avez eu du pouvoir, le pouvoir c'est du profit, le vrai profit c'est le pouvoir, dont l'argent n'est que signe et mesure. Vous n'êtes pas à cent pour cent dans le camp des opprimés, même si un pouvoir vous opprime ailleurs : vous exercez chez vous le seul qui vous est permis. Une part de vous, celle qui a signé la délégation de pouvoirs, est passée de l'autre côté.

« Vous n'êtes pas les seuls, en ce monde de dominations enchevêtrées, à avoir une part dans chaque camp. Mais nous, les enfants, nous avons bel et bien le tout dans le mauvais, il n'est rien qui ne nous domine.

« Au moins cessez de l'ignorer et de jouer les ingénus. Il est temps que vous connaissiez votre place, et la nôtre. Nous réclamons votre conscience.

« Vos fils et filles affectionnés. »

Le devoir d'aimer et de rendre heureux

Les parents actuels *doivent* aimer leurs enfants, quoi qu'ils en aient. Presque aucun n'oserait, sauf à titre de douloureuse confidence à un intime, dire qu'il ne les aime pas. En tout cas, aucune mère : le devoir est plus impérieux pour elles. Les pères sont plus libres de leurs mouvements internes, il est même admis officiellement qu'un père « se détache » de son fils quand il s'aperçoit que ce fils n'est pas comme il avait cru, un soi-même recommencé.

Aimer ses enfants est un devoir : au commencement était le verbe, et le reste suit : la persuasion, puis la réalité elle-même. Tous les parents actuels aiment leurs enfants.

Qu'est-ce qu'aimer ses enfants? — Aimer ses enfants, c'est les rendre heureux.

Le bonheur des enfants est bien entendu défini par les adultes — ou plutôt ceux-ci répercutent naïvement l'image définie par la société et diffusée par ses canaux habituels.

Le mythe du bonheur est un des plus puissants analgésiques utilisés par l'Entreprise. Et sans compter. Un vrai matraquage. Comment les parents ne se laisseraient-ils pas prendre dans un piège qui porte un si joli nom? Au niveau des individus, tout le monde est piégé. Il n'y a que la Force Aveugle qui gagne.

Le bonheur des enfants, la réduction sans douleur, la mutilation dans la joie. Être heureux de marcher vers l'ennui définitif et consenti. Une chanson aux lèvres. Il faut qu' « il » et « elle » soient heureux maintenant *puisqu'*ils ne le seront pas plus tard.

« Chers parents. Votre idée de notre bonheur, qui ne vous appartient même pas mais vous fut dictée, n'est pas forcément la nôtre. Vous devriez nous demander avant de nous rendre heureux. Peut-être préférons-nous être vivants.

« Vos filles et fils, trop heureux. »

Divorce!

Les gens qui n'ont plus envie de vivre ensemble ont le droit de se séparer. Mais ils hésitent ou ne le font pas, « à cause des enfants ». Car ils les rendraient ainsi, dit tout le monde, malheureux. Ils en sont prisonniers.

Les parents qui divorcent aiment mal leurs enfants, tel est le consensus, demeuré solide malgré les libéralisations. Ils n'ont pas fait leur devoir de les entourer de tendresse unis (lire : de maintenir la petite cellule). Les enfants de divorcés souffrent.

A moins qu'ils ne soient ravis : ils ont tout en double, s'ils savent y faire.

Ils sont pervertis par la situation, ce n'est pas mieux. Sous leur attitude cynique ils cachent leur souffrance vraie. On va même jusqu'à faire un accroc au mythe sacré de l'amour filial, à admettre que les petites victimes aiment moins, tant pis pour eux. Méchants parents.

Sur les parents qui divorcent s'exerce une pression énorme, destinée à les culpabiliser. Selon une technique éprouvée, l'action psychologique freine l'exercice d'une liberté accordée par la loi.

La société patri-capitaliste n'a jamais digéré le divorce, consenti... pour sauver le mariage, en perte de vitesse.

Indigestion compréhensible : vivre parmi les contradictions et les mises en question *décondi-tionne* — et voilà le danger! La conscience des enfants pourrait s'éveiller! La preuve que c'est bien là que ça gêne, c'est qu'en cas de mésentente évidente (« devant les enfants! Au moins cachez-vous! ») le même consensus antidivorce passe le message : « Ils feraient mieux de se séparer. » Pour le bonheur des enfants évidemment. Le bonheur des enfants est la prison des parents.

*

C'était un peu court, et fatalement sans nuances. Mais chacun peut compléter, l'information étant à portée : c'est l'expérience quotidienne.

Une étude détaillée et honnête serait sûrement utile. Elle pourrait être menée par groupes de prises de conscience dont le thème ne serait pas « Comment s'en tirer avec l'éducation », mais la propre condition et expérience de parent. Une telle étude pourrait porter le titre, par exemple : « Manipulation et exploitation de la fonction parentale dans les sociétés modernes. »

En attendant, la position des parents est tout de même assez clarifiée maintenant pour qu'on se livre sans remords au sujet. L'oppression des enfants

Les enfants :
une oppression très spécifique

L'enfance est une institution, non un fait. Comme fait, l'enfance (première partie de la vie humaine, dit prudemment le dictionnaire Robert) est un état mouvant aux limites imprécises. Comme institution, elle va de la naissance à un âge fixé par décret. On dit « enfants », « adolescents », ou « jeunes » selon les besoins de la cause. La Loi dit « mineurs », et c'est la seule expression claire.

Les sociétés modernes ont légalisé une discrimination fondée sur une différence de force musculaire. Mineur signifie : moindre. Plus petit. Inférieur. Lesdits « enfants » sont un ensemble d'humains plus faibles au combat au corps à corps, constitué par les plus forts en catégorie, et soumis à un statut et à un traitement spéciaux.

Le statut est la privation de l'autonomie.

Le traitement, appliqué par l'autorité adulte, à laquelle les mineurs ne peuvent se soustraire, consiste à éliminer du potentiel inné les éléments indésirables, incontrôlables, ou simplement superflus, pour ne conserver et développer que ceux utiles à l'exploitation. C'est proprement une mutilation. Une mutilation corporelle, pas seulement un conditionnement mental. Les mutilations corporelles tombent sous le coup des lois dans nos sociétés mais pas celle-là, qui n'est pas avouée comme telle. Elle est dite formation, éducation.

Mesures

Pour estimer à peu près ce qui a été retranché au niveau corporel il n'est que de comparer l'acuité des sens d'un enfant de 3 ans, sa vitalité permanente, l'intensité de ses désirs, son regard, son émerveillement, sa tendresse, sa souplesse de chat et jusqu'à son sommeil avec ceux d'un adulte moyen. C'est comme une lampe qui s'est éteinte. On voit à l'œil nu sur quels points cet adulte réussi modèle conforme, se rendant à son bureau par exemple, a été opéré : il n'utilise qu'une faible partie de son équipement sensoriel ; sa musculature est plus ou moins atrophiée, sa colonne vertébrale est soudée ou menacée d'effondrement, sa capacité respiratoire est réduite, son système nerveux autonome est bloqué, ses plexus sont noués, son énergie ne circule pas, il est dérythmé, son corps en est au point qu'il doit le préparer dans un « club » avant d'aller en vacances (s'il peut lui payer ça); sa sexualité est misérable, il est plein de maladies psychosomatiques et de dépressions ainsi que de drogues diverses, son cerveau est un magnétophone, ses récepteurs sont saturés, il n'a pas de regard, il dort mal. Ses émotions négatives le dominent ; quant aux positives : il ne connaît pratiquement plus la JOIE. Ne parlons pas de l'émerveillement ce serait trop triste. Sa faculté de relation est rabattue jusqu'à la rétractation totale : l'Autre lui fait peur! Et tout ça, qu'il n'a pas, il redoute de le perdre. Lampe éteinte qui craint le moindre souffle. Les adultes ont fini par croire que c'est « naturel » de dégringoler à ce point-là. Sinon ils se flingueraient. Mais ça ne l'est pas : c'est une mutilation. Accomplie durant les cinq premières années de la vie. Et si profonde qu'ils aspirent encore à la transmettre. Le mort tire le vif.

L'oppression des enfants est première, et fondamentale. Elle est le moule de toutes les autres [1].

Universalité

Tous les enfants de nos sociétés sont mutilés. Seule la forme varie. Le découpage ne suit pas le même pointillé selon la classe, d'ordre économique, sexuel, racial-culturel, dans laquelle on naît. On ne coupe pas la même chose chez tous, mais chez tous on coupe quelque chose. Exemple : les petites filles sont privées de force musculaire, leur besoin d'action est retourné contre elles-mêmes ; les petits garçons sont coupés de leurs émotions, sciés en deux. Et pas plus qu'on ne devient un exploité en restant entier, on ne devient un exploiteur sans être rendu infirme. La dévastation est universelle.

On notera aussi que le groupe « enfants » ne souffre aucune exception à la condition d'infériorité : la classe dominante est composée presque en totalité d'adultes possédants mâles de culture occidentale majoritairement blancs. On y trouve exceptionnellement quelques individus provenant de cultures différentes, et quelques femmes, encore que pas dans les vraiment hautes sphères. Mais jamais un seul « enfant ». Jamais. Pas un. Un seul titre : gosse de riches.

1. Et il n'y a ni hiérarchie ni priorité dans les oppressions. On peut en souffrir plusieurs à la fois (petite fille noire pauvre). Les luttes convergent vers le même ennemi. Les groupes opprimés sont objectivement alliés. Il ne leur manque que de s'en rendre compte.

Cette absence n'est jusqu'ici pas remarquée, car elle est « naturelle ». Ainsi fut, jusqu'à des temps récents, l'absence des autres « inférieurs ».

Spécificité

Cette oppression est très spécifique. A vrai dire quand on y regarde, personne n'en a une pareille.

Elle commence à la première minute (fessée), et elle ne cesse plus. Elle n'a pas d'horaires. Pas de pause casse-croûte : repas en famille ou à la cantine, surveillée. « Récréations » surveillées, et minutées. Temps de parcours de l'école au domicile généralement contrôlé, surtout les filles. Pas de soirées libres, ou sorties sur autorisation, avec heures de retour prévues. Pas de dimanches, famille, ni de fêtes, famille. Ou groupes avec moniteurs. Pas de vacances libres, famille, ou colonie avec moniteurs (même si les moniteurs sont permissifs, c'est une tutelle). Les garçons qui peuvent aller jouer avec leurs copains en dehors des heures de classe le doivent à la pauvreté de leur famille, ou à son libéralisme, c'est de toute façon une permission octroyée, non un droit. Pas de refuge nocturne, sommeil même sous contrôle. La surveillance est *à temps complet*. Et pour l'espace : à la maison à l'école dans la rue sur la plage et quasiment aux chiottes. *Champ illimité.* Pas de refuge. La chambre (en cas) est entrée libre, les grandes personnes peuvent même ne pas frapper (« tu n'as rien à me cacher »). Les tiroirs peuvent être visités, les cahiers « intimes » lus, le courrier peut être ouvert, voire détourné, ou bien on en demandera l'origine et le contenu : ne pas le faire est considéré comme du libéralisme. Quelle que soit la doctrine adoptée, la marge de vie privée est à la discrétion des parents. On peut surprendre les enfants. Les questionner jusqu'à ce que ça sorte. Où es-tu allé? Qu'est-ce que tu étais en train de faire dans ton coin? Montre tes mains! Que caches-tu sous ton cahier? Cacher est une faute : c'est mal, puisque tu caches.

Quand on est petit, on ne trouve vraiment la paix que sous la table. L'interprétation adoptée de ce phénomène universel étant : sous la table, c'est le retour au ventre de maman (les interprétations concernant les enfants vont toujours dans ce sens-là c'est drôle, vers le passé fermé, jamais vers l'espace libre c'est curieux). Ils ont dû oublier, les interprétateurs, qu'ils furent eux-mêmes des enfants et se fourrèrent sous la table pour, tout bêtement, ne pas être en pleine vue. Le temps des tables hélas ne dure guère, on devient trop grand, et super-visible. Un enfant est en permanence sous le regard des adultes. Il n'y a que le tôlard qui en soit au même point. Lui, c'est pour le punir. Les enfants, c'est pour les « protéger ».

Encore les tôlards disposent-ils de leurs pensées. Les enfants non. A quoi penses-tu? Je sais ce que tu as dans le crâne. On se trouble, ça se voit, il y a même encore des enfants qui rougissent. On apprend à mentir, mais moins vite à se faire un masque. Certains croient que leurs parents lisent leurs pensées, est-ce faux? les enfants sont exposés. Certains deviennent ce qu'on appelle « psychotiques ». Et les doctes matons (pas les gens honnêtes tels Bettelheim) disent que la psychose est organique.

L'expérience des enfants est visitée comme leurs tiroirs, leur façon de ressentir est mise en question, et si non conforme à l'attente, invalidée, au besoin reconstruite, et à eux resservie comme *leur* seule vraie vérité propre : Tu n'aimes pas vraiment cette musique tu veux seulement faire comme tes copains, Tu affiches ces idées pour, Tu es sous l'influence de, etc. Et l'ensemble des enfants est officiellement réinterprété par les experts en enfants. La vraie jeunesse ce n'est pas, c'est.

Les mouvements des enfants sont limités à l'intérieur de ce complexe temps-espace contrôlé. Pas de mobilité sans autorisation jusqu'à au moins 16 ans. Aller se promener s'appelle fuguer, si tu es mineur.

Les mouvements intérieurs sont également réglementés : tu n'as pas de désirs sexuels avant le moment prescrit par tes adultes, ni vers qui tu veux (sens obligatoire vers sexe opposé), sauf permissivité (blâmable et rare). Ils n'aiment pas qui ils veulent hors de la famille, Je ne veux pas que tu vois A., — et dans la famille ils aiment, cela va de soi (les parents n'étant, sur ce dernier point, pas plus libres).

Ils sont toujours disponibles, à la merci des interventions : Apporte-moi le journal, un cendrier, va me chercher les pinces qui sont dans le deuxième tiroir en bas du placard de l'entrée, mais non pas ça voyons je t'ai dit les pinces c'est une tenaille que tu m'apportes tu n'as plus qu'à retourner, quand on n'a pas de tête il faut avoir des jambes. A la maison l'enfant est souvent le boy, l'adulte le colonial. On peut interrompre ses activités[2].

Un, surtout s'ils jouent : le jeu équivaut à ne rien faire. Le jeu ce n'est pas sérieux. C'est que, le jeu, c'est du plaisir, le jeu ce n'est pas du Travail : si encore on faisait ses devoirs! La vie n'est pas faite pour s'amuser tu verras plus tard. Les adultes, condamnés au travail, sont jaloux de qui peut

2. Les exceptions savent sûrement qu'elles sont des exceptions.

44

encore s'amuser (le mort tire le vif). Et de jeu coupé et recoupé, de rappels répétés à la « réalité », l'imagination finit par en mourir (qui ne se souvient de la mort lente de son imagination ?).

Deux, surtout si ce sont des filles. On tolère que les garçons refusent de se déranger, spécialement à la demande des mères. Souvent celles-ci, découragées, ou complaisantes, laissent les petits mâles en paix avec les détails triviaux — et ainsi, rendus sourds aux bruits de vaisselle, aveugles aux éviers sales, insensibles aux effluves de poubelles, ils deviennent dans une maison des impotents, conformes à l'image « Les hommes ne savent rien faire », donnée comme une nature innée, et répercutée dès l'école par les petites filles déjà résignées à servir ces enfants 365 fois infirmes. Aux garçons est reconnu le droit à des moments de loisir — comme papa. Quant aux filles on sait qu'elles n'en auront pas, autant les habituer tout de suite. Ainsi, automatiquement, on transmet, on imprime dans le corps, au niveau sensoriel et moteur, un destin, une « nature ». Et, très tôt, très insidieusement s'accomplit le découpage spécifique mutilant des deux sexes [3].

Ces interventions, ordres, enquêtes, variables selon la condition des parents, leur caractère, voire leur humeur, sont de pur arbitraire, puisque les enfants n'ont pas de droits définis...

Des droits ? Un enfant ?

... de droits définis en heures et lieux leur appartenant, et où on ne pourrait les interpeller.

Ces interventions arbitraires seraient considérées inacceptables entre « personnes ». Elles vont de soi quand il s'agit des enfants. On n'a pas le même

3. Voir l'admirable travail de Elena Giannini Bellotti : *Du côté des petites filles,* édition « Des femmes », 1974.

regard sur eux, d'évidence. Qu'on nomme « oppression » le fait de déranger un gosse, qu'on parle de « droits », étonne.

Dans une charte des droits civiques des enfants on devrait inscrire quelques points simples, tels que :
— lieu privé inviolable (si non une chambre, ur coin, et une boîte non fouillable);
— heures de pause définies.

Dans un premier temps.

Objets

On dispose d'eux. C'est sur eux que le trop-plein de tendresse déborde, et aussi de mauvaise humeur. On les pare, dans leurs premières années, non pour eux mais pour des raisons mêlées (sur ce terrain émotionnel-social prospère l'industrie du vêtement). Ils sont aimés, comme des objets, objets précieux, objets trésors. Ou objets tyrans. Ou objets encombrants. Ce n'est pas une relation d'échange[4].

On les tient par la main, même s'ils marchent et même s'ils n'ont pas envie, on les emmène, en visite, aux enterrements, dans les magasins, chez le docteur, à l'école — que faire d'eux il est vrai, puisqu'ils sont censés ne pas savoir s'arranger tout seuls.

Les décisions familiales[4] ou légales, les concernant, sont prises sans eux. Souvent[4] ils ne sont pas informés des événements familiaux importants (hors de leur portée, ou traumatisants, décide-t-on). Les occupations des grandes personnes sont plus importantes que celles des enfants qui

4. Des familles libérales feront exception sur certains de ces points. Les familles libérales sont une minorité, y compris aux U.S.A., pays de l'enfant-roi.

46

viennent les solliciter (Pas maintenant, je suis occupé/e). Les enfants dérangent.

Les adultes ne jugent pas nécessaire de s'excuser, s'ils commettent un impair à l'égard d'un enfant[4]. Ils s'adressent aux enfants sur un registre spécial : plus impérieux, à moins que, désirant se mettre à leur portée, ils ne bêtifient. La raison des adultes est la meilleure, même s'ils disent des bêtises. Le respect se perd, c'est entendu. Tout comme les motifs de respecter. Mais le principe demeure. L'idée d'être courtois envers un enfant ne vient pas. Le monde adulte vit ingénument, sans songer à la remettre en question, dans l'idée d'une différence d'importance entre adultes et enfants.

Inconnus, et pourtant définis — épistémologie

Les enfants sont définis par les adultes.

Or, les adultes ne connaissent pas les enfants, et ils ne peuvent les connaître : car ils ne les voient que sous leur regard (forcément). C'est-à-dire sous leur surveillance.

Un adulte qui observe des enfants, c'est comme regarder des animaux dans un zoo.

L'observateur modifie l'observé. Cette loi est spécialement valable en sciences humaines, et dans le cas d'une relation de pouvoir l'indétermination peut aller chercher dans les 100 %. Cela veut dire : l'observation est *impossible.*

On ne connaît que les enfants-des-adultes, comme on ne connut longtemps que les nègres-des-blancs. Oui missié. Tu n'es qu'une vieille bête de nègre, hein? Oui missié. Le comportement du dominé est induit : voir les changements spectacu-

4. Voir note précédente.

laires et soudains qui affectent un groupe entier, quand il cesse d'accepter sa condition. Black is beautiful.

Pour qu'une observation soit valable, sur les enfants, il faudrait que l'autorité soit définitivement levée et n'existe sous aucune forme.

D'ici là, *les enfants sont inconnaissables par les adultes*. Le témoignage des adultes sur les enfants est scientifiquement nul. Comment des « esprits scientifiques » se dispensent-ils de poser, dans leur discipline, la question de méthode?

Parce que l'oppresseur jamais ne la pose à propos de son opprimé. Ce sont pourtant les adultes seuls qui établissent la science des enfants, et donnent de ceux-ci, dans des ouvrages nombreux, les définitions accréditées. Auxquelles les enfants eux-mêmes ont à se conformer. Seuls les adultes savent ce que sont les enfants, et ce qui est bon pour eux.

Non-identité

Si les enfants ne ressemblent pas à l'image accréditée, c'est eux qui se trompent. Ne se connaissent pas, sont déviants, ne sont pas des « vrais » enfants.

Le portrait de l'enfant-des-adultes est répandu partout, en images publi-propagande, en mots dans toute une littérature « pour » enfants faite par les adultes, dans une littérature initiatique pour adultes, et dans la tête d'à peu près tout le monde.

Les enfants, tels que vus dans la lumière aveuglante de l'autorité, *sont* des humains inachevés physiquement et mentalement. Maladroits (longtemps après que leur coordination est assurée), inattentifs, étourdis, fragiles, dispersés, changeants, pas sérieux, ne pensant qu'à jouer, incapables de se débrouiller tout seuls — donc *ils* ont besoin de protection et de maîtres. Ils restent comme ça inachevés et incapables jusqu'à 18 ans (sauf sur quelques points tels travailler sans salaire ou répondre de ses méfaits devant la loi), puis brusquement, ils s'achèvent. Ils sont attendrissants, adorables, charmants — jusqu'au moment où ils essayent d'échapper au contrôle, où ils deviennent impossibles. Ils ne pensent pas encore, aussi leur opinion n'est pas sollicitée[5], on l'écoute parfois pour leur faire plaisir mais on n'en tient pas compte[5]. Ils ne doivent pas être pris au sérieux puisqu'ils ne le sont pas. Respecter un enfant, c'est ne pas être « indécent » devant lui/elle : c'est respecter la morale adulte. Les enfants sont escamotés de l'opération respect.

Ce ne sont que quelques indications parmi des centaines, chaque enfant et ancien enfant peut compléter.

L'image adulte de « l'Enfant » est si profondément imprimée que personne ne sait plus regarder ce qui est sous le nez. Pour nettoyer les yeux adultes, il faudrait prendre à peu près le contrepied de l'idée reçue : les enfants sont plus complets, ils sont solides, héroïques (voir à quoi ils résistent!), adroits, capables, graves, profonds, leur intelligence est vaste et déliée, ils sont subtils et malins, ils savent se débrouiller, surtout seuls, etc. Cette description est-elle tellement plus fausse que l'autre?

Évidemment, le manque de confiance dans les capacités en empêche le développement (touche pas tu vas le casser, bang, ça y est c'est cassé qu'est-ce que je disais), et voilà confirmé l'a priori d'incompétence.

5. Voir note précédente.

Évidemment le maintien en dépendance rend dépendant, et voilà confirmé. Les esclaves non plus « ne savaient pas vivre autonomes ». Avant de l'être.

La non-considération invalide l'expérience, les sentiments, la pensée, fait douter de soi, et dénie l'identité. On ne sait plus qui on est.

Comme il faut vivre, comme il faut être aimé, on intériorise cette définition par l'autre, cette inexistence, on s'invalide soi-même, et on imite l'image donnée pour vraie. On apprend très vite, étant intelligent, à recueillir les avantages de ce jeu. On donne aux adultes charmés et gratifiants les réponses qu'ils attendent (sinon de toute façon c'est des avanies). On finit par vraiment les croire siennes. C'est ainsi qu'on devient un « enfant ». Que ce rêve adulte devient réalité. C'est ainsi que les adultes produisent l'Enfance, « différente », d'une autre nature.

Ce ne sont pas les enfants qui sont différents, ce sont les adultes

Temporaire éternel

Mais cette oppression n'est que temporaire! (sous-entendu : ce n'est donc pas si terrible).

Il est vrai, elle ne couvre que 18 ans (ou 21, selon la raison d'État). Ça ne fait que le quart de la vie, contre les deux tiers aux travailleurs, et la totalité aux femmes et aux races opprimées, qui ont gagné.

Malheureusement, d'abord c'est le plus joli quart, ce qui est bien dommage.

Malheureusement et surtout ce quart, par lequel tout le monde passe, et durant lequel on est à la merci de toutes les manipulations, prépare et permet la suite, c'est-à-dire la soumission aux autres formes d'oppression. C'est un quart totalisant. On n'en guérit pas souvent, et jamais complètement.

La minorité ne finit pas à la majorité, elle se prolonge toute la vie, en infantilisme. Sans parler des parents qui gardent ingénument et à jamais le « droit » d'intervenir dans la vie de leurs grands rejetons culpabilisés, tout est fait, durant le quart totalisant, pour que la dépendance soit chérie, et sous une forme intériorisée comme une seconde nature s'éternise, en besoin de pères, de chefs, de patrons, d'époux, d'experts, de docteurs, d'analystes, de gouvernements, d'instances suprêmes, s'éternise, jusqu'à la mort si possible. Et en vérité au-delà puisque entre-temps elle aura été transmise aux suivants. De sorte qu'elle est en fait éternelle.

Régime

Au cœur des « démocraties » modernes, les enfants vivent sous le régime de la tyrannie — avec ses variantes connues, de l'autocrate abusif au despote éclairé et même démissionnaire, qui ne modifient pas le principe.

Les enfants n'ont *aucun* droit, que ceux octroyés, qui peuvent donc être repris à tout instant. Ils doivent obéissance aux parents alliés maîtres et au besoin n'importe qui (adulte) a le pas sur eux.

Avantages et punitions dépendent de l'arbitraire adulte, car il n'y a pas de code (en deçà de meurtre ou dommages physiques avérés), et aucune réparation n'est prévue pour les erreurs ou dommages. Et, comme il se doit en régime de tyrannie, le juge est partie.

Pas d'alternative

A leur condition les mineurs ne peuvent pas se soustraire, car elle prend appui sur des fondements matériels : dépendance physique, légale, économique, institutionnelle. Qu'on va examiner.

Bases réelles, analyse de classes

Les enfants, en tant que groupe discriminé par la Loi, sont, dans leur totalité, traités, modelés, corporellement et mentalement, en vue de l'exploitation.

Les enfants sont une classe opprimée.

Ils sont toujours la classe inférieure dans celle inférieure ou supérieure (d'ordre économique, sexuel, racial-culturel) où ils sont tombés.

Cette oppression spécifique, inhérente au système patriarcal, a été longtemps vécue dans l'isolement. Aujourd'hui, par suite de l'évolution du capitalisme (explosion démographique, expansion scolaire et des media, accession des jeunes au statut de consommateurs, etc.) cette classe est actualisée. Ce qui est appelé « crise de la jeunesse » selon la technique conjuratoire (« crise », ça ne dure pas).

Mais quelle que soit la manipulation sémantique il y a constitution en classe, et début d'une longue marche.

Les exécutants du traitement réducteur sont tous les adultes ayant avec les enfants une relation institutionnelle. Parmi eux, les parents occupent une position clé : à moins d'avoir une perception claire de la politique de l'éducation, ils servent « machinalement » les intérêts de la classe dominante, et dès lors, quelque idée qu'ils aient de la chose, parents et enfants sont dans une relation d'antagonisme.

52

« Quoi, quelle horreur, comment peut-on parler en ces termes de la plus pure et naturelle des relations humaines! » C'est les adultes qui s'expriment ainsi on les aura reconnus[6].

Réponse à ces grands sentimentaux : faire accroire que la relation parents-enfants est tissée chaîne et trame *uniquement* d'amour mutuel et réciproque, c'est hypocrisie et camouflage. Si la fonction réelle, sociale, de cette relation, est tenue cachée, parler du seul sentiment d'amour est une insulte à l'amour. L'amour ne peut que gagner à être débarrassé d'usurpateurs qui utilisent son nom pour leurs propres fins, qui n'ont rien d'amoureuses. L'amour n'a rien à craindre de l'examen, il sera beaucoup plus beau une fois lavé. Seuls les mystificateurs redoutent l'analyse.

Et justement, l'oppresseur a horreur qu'on rappelle les basses réalités matérielles, lui-même plane très haut dans l'idéal, où tout est merveilleux comme c'est. (A part des petits détails si vous y tenez, qui feront l'objet de réformes en temps voulu, quand ce ne sera plus dangereux.)

C'est toujours pareil : il n'y a que l'opprimé qui ressent son oppression. L'oppresseur, lui, est content comme ça, ne souffre aucunement, trouve ça très bien, juste, normal, bon pour l'autre (qu'est-ce qu'il ferait sans nous?), et « naturel ». « Opprimé » d'ailleurs est un gros mot, qui choque l'oppresseur (autre gros mot) — au fait on le reconnaît à cette réaction, essayez, ça ne loupe jamais.

L'autre (l'opprimé) n'a rien à dire, d'abord parce qu'il n'a pas *la* parole. Essayer de la prendre pourrait lui coûter chaud, il le sait : en régime de

---

6. Ceux qui ne s'expriment pas ainsi ne peuvent pas oublier une minute qu'ils sont l'exception si pas la rareté.

tyrannie, le tyran peut être permissif, il n'en a pas moins le pouvoir absolu, même lorsqu'il octroie la liberté d'expression il est prudent de ne pas lui dire ce qu'il ne veut pas entendre, voilà pourquoi vos fils-et-filles sont muets.

, L'opprimé n'a rien à dire, ensuite, parce qu'il n'a pas *de* parole, à lui propre.

C'est l'oppresseur qui dispose du langage et des connotations, ainsi que de la symbolique.

Le rapport de classes est toujours formulé premièrement dans les termes de l'oppresseur : bien, juste, normal, bon pour l'autre, NATUREL. Et c'est ainsi qu'il doit être ressenti par tous. Surtout l'opprimé. Sinon on entend les clameurs : c'est l'oppresseur bien sûr qui crie au scandale, au sacrilège, à la vulgarité, au ridicule, au de quoi vous mêlez-vous, au dénaturé, au démodé, au meurtre. Et comme c'est lui qui a la sono, sa voix couvre tout. On l'entend d'ici.

Qui change les termes déclare la guerre.

Dictionnaire du Maître, ou *génie sémantique de la bourgeoisie*

Dans l'Entreprise, les choses sont appelées autrement, afin qu'elles ne soient pas vues comme elles sont. Cette ruse de guerre fonctionne très bien, chacun est pris en apprenant à parler dans le piège de son propre langage, et s'aliène soi-même dans la pensée dominante.

Le maître fut jadis le protecteur de l'esclave, le mari l'est encore de sa femme, le patron est, encore de nos jours, le généreux donateur de travail à l'ouvrier, qui sans lui mourrait. Le travail est bon. Le colonisateur apporta aux peuplades arriérées les bienfaits de la civilisation, et depuis que ces peuplades l'ont viré il leur apporte encore, il n'a pas de rancune, son aide aux sous-développés. Sur ces terrains les luttes ont décodé une partie de la parole dominante. Pas tout, et pas pour tout le monde : les gens parlent encore une langue qui les condamne. Et pour chaque mise au jour d'une oppression spécifique, le décodage est à recommencer de zéro. Avec du coton dans les oreilles pour ne pas entendre les cris d'écorché de l'oppresseur pour qui chaque mot rétabli dans sa signification est une banderille.

Il faudrait un dictionnaire complet, travail de chartreux. En attendant, on va décoder une parcelle, ayant plus ou moins trait au sujet.

La société : l'Entreprise mondiale d'exploitation.
La Civilisation : culture et structures mentales des plus forts.
Progrès : expansion de l'Entreprise.
Monde libre : monde où l'Entreprise a les mains libres.
État : agence nationale de l'Entreprise mondiale d'exploitation.
Idéal : intérêts de la classe dominante.
Intérêt public : intérêts privés faits loi.
Bienfait : exploitation qui laisse la vie.
Aide à : exploitation de.
Protection : contrôle.
Harmonie : silence des opprimés.
Fausse note. Désordre : voix des opprimés.
Caprices. Irrationnel : désirs des opprimés.
Violence : résistance des opprimés à la violence du Maître.
Ordre : la loi du Maître régnant.
Vrai : intérêt du Maître.
Juste : idem.

Bon : idem, avec du sentiment.
Devoir : loi du Maître intériorisée.
Tendre devoir : idem, concernant les enfants.
Naturel : sert le Maître gratis.
Dénaturé : rebelle, résistant.
Démodé. Dépassé : ce qui dérange le Maître.
Biologie : le corps humain ré-interprété selon l'intérêt du Maître.
Anatomie : symbolisation du corps à la même fin.
Destin : l'ordre du Maître attribué à l'Univers et donc inéluctable.
Entrer dans la vie : être inséré dans le processus d'exploitation.
Normal : adapté au même.
Adulte : intégré volontaire ou aveuglé.
Enfance : apprentissage de l'exploitation.
Enfants : classe privée d'autonomie.
Adolescents : se dit quand « enfant » devient trop ridicule à dire.
Éducation : réduction aux normes imposées par l'Entreprise.
Bonheur des enfants : réduction sans douleur.
Sexualité : mot. Sert à neutraliser l'énergie sexuelle.
Éducation sexuelle : détournement de cette énergie vers la reproduction.
Libération sexuelle : création d'un nouveau marché.
Culpabilité : peur d'être puni.
Complexe d'Œdipe : forfait d'Abraham menant son fils au sacrifice.
Famille : unité de production contrôlée par l'Entreprise.
Mariage : oui au pouvoir sur les enfants.
Amour : huile pour permettre le jeu de l'institution familiale.

Amour familial : bannière bleue et rose sous laquelle est présenté au public le rapport parents-/enfants, quel qu'en soit le vécu réel.

Amour maternel : au premier plan. Le plus ancien historiquement. Solidement ancré sur la « biologie » (voir plus haut) et le « destin » (id) féminins. Exalté par une campagne séculaire d'affiches artistico-religieuses. Complexe socio-émotionnel manipulé aux fins de tenir les femmes à l'écart de la vie publique.

Amour paternel : un peu en retrait sur la photo. D'invention récente. Sa force tranquille est appelée à soutenir l'édifice, qui donne des signes d'affaissement[7]. (Pour plus de détails sur les deux derniers points : analyse éventuelle de la condition parentale.)

Amour filial : récent. Également ancré sur la « biologie ». Sacré : au plus léger doute émis à son endroit, des cris de douleur s'élèvent, poussés par les adultes. Amour filial a pour fonction de graisser les rouages de transmission de la loi du Maître, et d'anesthésier la conscience durant les opérations mutilantes.

Enveloppée dans les plis de ces drapeaux sacrés, l'image sainte de la famille unie et des enfants aimants poursuit sereinement sa carrière d'intouchable, soutenue au besoin par le bras séculier.

---

7. Amour maternel surtout a pris récemment quelques accrocs, de la part des psychiatres surtout. C'est elle qui prend naturellement. Naturellement puisqu'elle apparaît plus, est plus compromise, étant l'exécuteur, et plus vulnérable étant une femme. C'est plus facile d'attaquer la mère. Le père est moins mouillé, bien que de lui tout émane. Mais l'attaquer c'est s'en prendre au patriarcat. Une offensive est déclenchée d'autre part, contre l'usage millénaire de leur « biologie » à des fins politiques, par les femmes elles-mêmes, en vue de reprendre le contrôle de la procréation.

Les attaques contre la famille ont toujours été considérées comme démodées, dépassées, sans objet. Moyennant quoi, la famille tient toujours.

« Courroie de transmission de l'idéologie dominante » (Reich) et même productrice d'une morphologie, d'un soma, elle a permis le maintien d'un type coercitif de sociétés — tout en offrant à ses membres des compensations remarquables, tel l'exercice du pouvoir, pour les hommes qui n'en ont pas ailleurs, et pour les femmes qui n'en ont aucun autre; tels d'autre part les joies de la dépendance, de la fœtalité prolongée, et le moyen d'échapper à la liberté. La famille est un complexe léthal, mais sécurisant. Elle aide à supporter l'insupportable, ce qui dispense d'essayer de le changer.

Malheureusement, ce doux pavillon d'amour couvre une opération devenue pour de bon dangereuse.

Pourquoi maintenant?

Les enfants, qui n'ont jamais eu tant de bonheur et de pouvoir (disent les adultes), sont en réalité, maintenant, menacés. Par-dessus les parents, dont la non-intervention est espérée, la Force Aveugle est en marche contre eux. Car en dépit d'un traitement réducteur millénaire, les enfants ont toujours la rage de vivre.

Le traitement est un éternel recommencement : chaque sacré bébé naît entier, et repose de zéro l'irritant problème : si on le tue trop, on ne pourra pas s'en servir plus tard ; si on ne le tue pas assez, on risque que plus tard il fasse tout péter. Dans cette marge étroite, entre tuer assez mais pas trop, tout le truc se tient en équilibre.

Or cet équilibre devient de plus en plus instable. Car, fruits de la politique nataliste, les enfants sont devenus horriblement nombreux. En plus, ils ont forci car mieux nourris en sociétés de consommation, et les voilà doués d'une façon de pouvoir en tant que masse consommante. Ils sont mieux informés, même si l'information est traitée, plus instruits même si l'instruction est partielle. Et si l'école les contrôle, elle les rassemble aussi, et permet la communication, en même temps que la prise en main de plus en plus directe par les institutions affaiblit le pouvoir parental — bref toute l'affaire est bourrée de contradictions. Chose qui se produit fatalement lorsqu'on traite le vivant comme du mécanique.

Il paraît que le virage de la contrainte à la persuasion comporte des risques de dérapage. Après quinze ans de béatitude prospère, de recherches de motivations, de glorieuse manipulation des foules, les Pouvoirs s'en sont aperçus subitement au cœur des années 60 : les jeunes saisis par la conscience refusent leur futur d'oppresseur /opprimé. Ce futur les ennuie. Ennuie! Pénible surprise, lâchage imprévu. Les fruits des entrailles se retournent pour mordre. Crachent dans la soupe (en 1966 une enquête de *Fortune* révélait que les étudiants de Harvard — Harvard! — ne voulaient pas continuer leurs papas). En ont, disent-ils, ras-le-bol (la première cible de Cohn-Bendit au début de 68 est : l'ennui). Les Dominants n'étaient pas préparés sur ce front-là. Ils ont eu peur [1].

Depuis ce temps-là, leur obsédant souci est : Comment faire que ça n'arrive plus jamais? Jamais jamais jamais. Leurs polices nationales ont régulièrement ensemble des méditations au sommet, pour échanges d'idées et coordination, et le capital-pensée est mobilisé sur le problème : Comment venir à bout une bonne fois de cette engeance — ce Phœnix répétitivement tué et resurgissant, le petit d'humain obstiné à vivre, qui est peut-être la vie même qui se défend.

1. Comment ils furent sauvés, non tant par leurs alliés naturels (la droite) qui alors accumulaient plutôt les gaffes, que par les Organisations gestionnaires de la Lutte de Classe économique, qui coiffèrent et détournèrent vers leurs fins le mouvement réel, et ainsi lui ôtèrent la vie   c'est un chapitre en passe de devenir classique de l'Histoire nouvelle des luttes d'opprimés

La vie, Ils veulent pas. Eux, Ils sont la mort. Ils sont la quantité la force aveugle. La vie les nie. Ils sont prêts à tout pour sauver la mort. (Noter : leur zélé servant Pinochet fait arrêter (mai 75) des enfants de 3 ans pour obtenir la reddition des parents. Pas de limite.)

Une classe d'âge est entrée en lice. Personne n'en convient (exception : Gérard Mendel[2]) : ce n'est pas répertorié, Marx n'en parle pas (il n'y a qu'une classe, la nôtre — i.e. celle que nous organisons). Mais les Pouvoirs ne sont pas si bêtes, ils ont compris, répertorié ou pas ils sont déjà en lutte de classes, eux. Au coup pour coup d'abord ils coincent les lycéens dans des « réformes scolaires » de plus en plus élaborées qui quadrillent les enfants, ils nettoient l'école des enseignants dangereux.

Or la rébellion remonte les couches d'âge.

Ils vont opérer scientifiquement. Des équipes de chercheurs à gages sont mises au travail. Les chercheurs à gages pigent rapidement qu'il faut prendre la révolte étudiante dans l'œuf, soit l'enfant petit à mesure que sa conscience s'éveille.

La conscience est le champ de cette guerre de dissuasion précoce. Violence invisible, qui rendra inutiles les brutalités apparentes — lesquelles pourraient d'ailleurs produire des chocs en retour. Dangereux à manier.

L'ennemi dispose d'un arsenal super-raffiné, fourni par la Science à son service, il la paye. Conditionnement systématique, psychologie appliquée, psychothérapie, psychiatrie, biochimie, psychochirurgie s'il faut, telles sont les armes qui en escalade prendront le relais de l'autorité défaillante et faillible. Et l'État s'en occupe lui-même.

Le pavlovisme, largement diffusé et « conseillé »

2. *Pour décoloniser l'enfant*, Petite Bibliothèque Payot, 1974.

en U.R.S.S., ce qui prouve qu'on peut être prophète en son pays, est la base de formation des futurs bons citoyens soviétiques, dressés par la méthode douce du « retrait d'amour », qui semble fonctionner assez bien. Ailleurs, c'est moins systématique. Néanmoins, par le conditionnement adroitement mené, on arrive déjà à faire dire aux enfants qu'ils « veulent » des poignes fermes, des notes, des punitions, tout ce qu'on veut qu'ils veuillent, après on n'a plus qu'à leur céder.

Pour les bavures, les « Psy » ont fait leur entrée dans les écoles. L'analyse des enfants devient banale dans les sociétés occidentales. Instituts psychothérapiques, médico-pédagogiques, rééducatifs, pour enfants inadaptés, dispensaires d'hygiène mentale, se multiplient. La politique de sectorisation, originellement libératrice de l'asile psychiatrique, peut être utilisée aussi pour le dépistage précoce, dans les milieux sous-cultivés surtout, des « déviants », étiquetés malades mentaux, et traités.

Cette approche a la vertu de déplacer l'étiologie du « mal » du social vers la médecine (puisque la psychiatrie passe pour de la médecine), et donc de gommer le politique — en même temps qu'elle permet des interventions violentes, faites d'autorité dès lors que quelqu'un est baptisé « patient », selon un « diagnostic » incontestable puisque « scientifique » : la pénalité infligée sans jugement sans appel et sans protestation puisque « pour le bien » dudit « patient », excusez les guillemets en avalanche mais les mots abusifs doivent être incarcérés.

Partout en sociétés industrialisées on observe ce glissement dangereux du jugement au diagnostic, de la peine au traitement.

Précurseur, le régime soviétique opère déjà ce

déplacement affolant, traitant les opposants par les électrochocs.

Le docteur Fritz Röder de Göttingen (que son nom soit retenu), « guérissant » les jeunes homosexuels par l'ablation de l'hypothalamus, laquelle rend aveugle et débile lorsqu'elle laisse la vie, est dans la ligne [3]. En ce moment, l'Allemagne est sur des recherches de « privation sensorielle » *préventive*.

Le ministre de l'Intérieur français, en énonçant (juillet 1975) que la violence est d'origine génétique, ne fait que s'aligner sur la doctrine internationale actuelle en matière de répression.

Jamais en reste avec l'U.R.S.S., les U.S.A. occupent évidemment (les fonds de la recherche psy étant fournis directement par les gros de l'Entreprise) une position de pointe dans la guerre antisubversive préventive. Les enfants pas sages à l'école ne reçoivent plus de zéros mais un diagnostic : « hyperactifs », et de ce mal sont « soignés », drogués à la *Ritalin*. Et voilà que la prévention passe à l'échelle industrielle : dans des universités américaines, sont subventionnés des Centres de Recherche Anti-Violence. Là, s'élaborent des tests permettant de déceler les « préviolents »(?). Ces tests seront passés aux enfants dès 6 ans (six). Les petits tueurs futurs, démasqués, se verront évidemment au vu de leur dossier refuser l'entrée des écoles ordinaires, dont ils ne manqueraient pas de faire des boucheries. Ils se retrouveront donc tous ensemble dans d'autres, spéciales. Là un menu, spécial aussi, leur sera servi : il est prévu de mettre dans leur soupe d'une certaine drogue, déjà utilisée

---

3. Des opérations détruisant les tissus cérébraux sont déjà pratiquées sur des enfants « agressifs, incontrôlables » (Japon, Inde, U.S.A., Allemagne, Danemark...). A. Valenstein : Brain Control.

avec succès dans les instituts psychiatriques (Haldol), et qui a les effets d'une lobotomie. Bonne nuit les petits.

Le projet officiel a été déposé pour monsieur Nixon, dont les références sont connues. L'idée lui en a été suggérée par son psychanalyste, qui s'appelle monsieur Hutschnecker (que son nom soit également retenu).

S'agissant de l'Amérique du Nord, on peut prophétiser la couleur d'ensemble des locataires de ces laboratoires de décérébration : plutôt foncée, avec des taches claires éparses, les enfants un peu trop vivants encore de gens ayant mal fait leur boulot de parents tel que la société l'entend et l'ordonne : ces gosses-là, à 6 ans, ne donneront sans doute pas au test détecteur les réponses conformes.

« Chers parents. Commencez-vous à entrevoir que c'est sérieux? Vos fils et filles, attentifs à votre réaction. »

Un pédagogue ou autre professionnel de l'enfance, au su de ces informations, peut-il ou elle continuer à dire que la condition des enfants va s'améliorant? Insidieusement, mais vers la plus extrême violence, ça s'aggrave, voilà la vérité. Qui, parmi les spécialistes — et, donc, responsable de son niveau d'information — persiste aujourd'hui dans un discours rassurant peut se voir accusé d'aveuglement volontaire et de complicité dans le forfait de mutilation des enfants.

Qui a accès à des informations de ce type doit les crier sur les toits.

D'où ce livre.

*

Certains adultes commencent à voir clair. Aux U.S.A., des parents alarmés par cette lobochimie optent pour leurs gosses, donc contre le Pouvoir qui les menace. D'autres ont fondé un « Mouvement pour les droits civiques des enfants ». Les enfants eux-mêmes ont un front. Au Danemark également, pays avancé d'Europe, des enfants de 8 ans ont initié un mouvement, par la suite soutenu par des adultes (BRIS). Il y a des refuges pour ceux qui ne veulent plus vivre dans leur famille. En Norvège aussi. La conscience du danger s'éveille, çà et là. Mieux vaudrait qu'elle s'éveille partout.

Car les pouvoirs disposent de grands moyens. De plus en plus scientifiques. Ils peuvent être redoutables, car rien ne les arrête, ces gens-là ont un amoureux penchant pour la mort et la destruction. Fiction, ou prospective : si ça va très mal pour eux, Ils remontent jusqu'aux bébés, que justement Ils ont sous la main dans leurs hôpitaux : fessée, pesée, nitrate, drogue à décerveler, et hop voilà un futur bon citoyen qui ne posera pas de problèmes. Et ça « pour son bien », et couvert de mots intimidants, impénétrables aux honnêtes gens, dont la plupart ne chercheront pas trop à pénétrer, vu la trouille qu'ils ont au fond de l'inconscient de leurs dangereuses larves. Fiction ou prospective, c'est un temps à accoucher chez soi de préférence. Aux quelques femmes qui s'y mettent, merci d'avance, vos futurs petits.

C'est un temps à déclarer la légitime défense.

Mais la défense contre l'État sera brisée, et suivie de dispositions répressives de plus en plus savantes (sans parler de son détournement en chemin vers d'autres luttes), tant que la famille collaborera avec les pouvoirs, et exercera son autorité pour lier les énergies des petits et leur interdire toute résistance. Les parents collabos sont les fantassins de la Force Aveugle. C'est eux qu'on envoie en première ligne pour tirer. Ils se désignent comme l'ennemi, tant qu'ils ne retournent pas les armes contre leurs supérieurs.

La légitime défense inclut la mise en question des rapports de domination, dans leur champ formateur : le pouvoir familial. Elle passe par la famille qui travaille pour les dirigeants de l'Entreprise, aussi longtemps qu'elle ne voit pas son rôle, et n'y renonce pas.

La famille collabo trahit, quand elle dit aimer : on n'aime pas lorsqu'on livre à l'ennemi. C'est du détournement de mineurs.

Elle séduit, quand elle capte l'amour pour mieux paralyser les résistances. C'est de l'abus de confiance.

Elle viole, quand elle exige l'amour de ceux qui sont à sa merci. C'est de l'abus de pouvoir.

Et ne pas voir ce qui se prépare, ou au moins le pressentir, poursuivre ingénument la tâche comme si de rien n'était, c'est refus d'assistance à personnes en danger.

Finalement, est-ce qu'on peut avoir pitié d'un qui vous mène au charcutier, sous prétexte qu'il a les yeux bandés? Qu'il arrache son bandeau, merde. Il a des mains.

« Chers parents. Pour sortir du piège où on vous a jetés, vous avez une solution claire : c'est de prendre notre parti.

« Cela implique que vous vous tourniez contre celui que vous avez jusqu'ici servi, étourdiment peut-être, et dont vous tenez votre pouvoir sur nous et l'approbation du monde.

« Direz-vous que c'est beaucoup demander? Mais, puisque vous parlez si volontiers de vos sacrifices, en voilà un justement qui pour nous vaut quelque chose. C'est le seul que nous demandons, et nous l'échangerons avec joie contre tous les autres. Et puisque vous parlez tant de notre " protection ", voilà l'occasion de nous protéger pour de bon : contre un danger réel et non pas des fantômes.

« Vous et tout le monde n'avez ces temps-ci à la bouche que " notre bonheur " — entendez-vous par là notre anesthésie, pendant qu'on nous opère et nous arrache l'âme ? Regardez-y d'un peu près.

« Votre " démission ", qu'on vous reproche tant, nous la voyons, nous, non pas dans le retrait de votre autorité mais dans la non-intervention à nos côtés, contre ceux qui nous menacent. La non-intervention, c'est de l'abandon. Allez-vous enfin nous défendre ? si vous nous aimez comme vous le dites. Vous allier à nous serait nous en donner la seule preuve qui vaille. Et nous lâcher, serait celle de votre indifférence. Vous voici donc obligés d'être honnêtes.

« N'ayez pas plus peur qu'il ne faut : le risque n'est pas mortel, comme pour le soldat qui retourne son arme. Il est à peu près nul, car les stratégies douces ne sont pas les moins efficaces. En fait vous risquez principalement de prendre conscience. Peut-être de reprendre vie ?

« Pour les modalités pratiques de votre soutien, au cas où vous seriez prêts à nous le donner, nous avons des idées : nous pourrons en discuter ensemble quand vous voudrez.

« Mais tout de même, ne traînez pas trop. C'est une course contre la montre où nous sommes engagés. Vous avec nous, que vous le vouliez ou non : si vous nous laissez prendre, vous serez pris aussi sous la violence qui se prépare. Notre salut est votre chance, en fin de compte. Pensez-y.

           « Vos filles et fils, encore vivants.

« P.S. Chères mères. Nous présumons que vous avez mieux flairé le danger, car vous nous suivez de plus près, votre intelligence est parfois moins retranchée de vos sens, et votre condition n'est pas si loin de la nôtre. Si votre amour l'emporte sur vos craintes, l'initiative de l'alliance pourrait vous revenir. Dans cette attente, bons baisers à bientôt. »

C'est un temps à dépasser la peur, la peur d'être punis et plus aimés qui a paralysé la première vague des révoltes au bord des profonds bouleversements salvateurs — ô motivations secrètes du militantisme armé-casqué, ô goût caché du pouvoir, ô petit chef, ô actions désespérées suicidaires accomplies pour échouer-expier, ô instinct de mort politique, oh papa, oh maman, au secours! ô impuissances solitudes essentielles oh merde. Maintenant ils sont tous en analyse. Et c'est un temps pour d'autres horribles chercheurs.

La conscience est le champ de bataille de cette guerre sans merci, que livrent aux jeunes les Pouvoirs.

Selon les dernières estimations, le rapport de forces est écrasant. Les matraques de la police dès qu'on bouge sont dures mais celles du conditionnement non moins. Flatteries et menaces alternent, les agents retors de l'Entreprise déguisés en libéraux murmurent suavement « par ici la bonne soupe » (ou sinon gare à tes os). Sur l'autre flanc les sourires des mères-grands « révolutionnaires » cachent mal les dents du loup et l'avidité de chair fraîche, on ne voit partout que faux alliés, les enfants se rétractent, tâchant de se préserver, ils donnent les réponses qu'on attend d'eux et parfois semblent n'aspirer plus, tels des héros fatigués, qu'à l'intégration dans la machine, on les dit matés

— le dégoût, peut-être? Souterrainement un grand ras-le-bol monte, un raz-de-dégoût, de mépris. Ils sentent où on les mène. La conscience ne s'est pas encore rendue. Elle se débat, cette folle, elle surnage, elle résiste, elle fait feu de tout bois, elle s'accroche à toute planche pourrie traînant sur la mer super-polluée où barbotent les naufrageurs, elle s'accroche à des disques à des sonos des guitares des bédés des idoles, à l'évasion à la fausse libération au faux libéralisme à tout à n'importe quoi. La conscience fissure en douce les digues édifiées, au coup pour coup, contre la marée du ras-le-bol.

La dernière digue est à l'intérieur, elle s'appelle culpabilité : ainsi le dictionnaire du maître nomme la peur d'être puni pour faits de résistance. Le tort sur la victime. La farce sénile de l'Œdipe (le Père qui veut tuer le Fils, portant le masque du Fils qui veut tuer le Père, monte sur la scène et s'accuse de parricide) tente désespérément de contenir le flux des désirs. Freud et ses fils, c'est leur cheval de Troie, leurs grands rabatteurs sur le cocon natal, si les chenilles avaient des analystes elles ne deviendraient jamais des papillons.

C'est un assez joli tour de passe-passe, qui te fait sentir coupable de te rebiffer sous le couteau du sacrifice, et transfère sur Œdipe le forfait d'Abraham allant offrir son fils bien-aimé à son Dieu, dont le nom présent est Force Aveugle.

Ces temps-ci, les agneaux sont durs.

C'est un temps à ne pas se sentir coupable : car on n'est pas coupable, quand on est en état de légitime défense.

Pour emprunter quelques secondes un langage qu'ils ont scolarisé après l'avoir changé en pur discours sans danger : « L'existence d'idées révolutionnaires à une époque déterminée présuppose l'existence d'une classe révolutionnaire. » Marx. A part qu'on aimerait mettre autre chose à la place de « révolutionnaire », ce glorieux emblème étant lui aussi tombé aux mains de l'ennemi. Par exemple, bouleversante. L'existence d'idées bouleversantes présuppose l'existence d'une classe bouleversante.

Les enfants devenus innombrables, forme nouvelle de catastrophe naturelle, sont peut-être le facteur d'explosion des rapports de domination.

Les chemins de la dépendance

Ou comment, à partir du vivant, est obtenu le demi-mort moderne nommé adulte.

L'homme le plus riche du monde, qui peut être une femme, et de n'importe quelle couleur.

Il pèse dans les six livres, mesure dans les cinquante centimètres, et ce n'est pas Paul Getty. C'est tout enfant naissant. C'est nous tous.

Chaque nouveau-né débarque avec un fantastique potentiel : des dizaines de millions de gènes, tirés au sort dans le patrimoine génétique de ses deux parents — c'est-à-dire des possibilités innombrables.

Ces millions de possibilités sont en puissance : elles doivent être éveillées. Le potentiel d'un gène s'actualise (devient une capacité, sensorielle motrice mentale), en résonance avec une incitation extérieure spécifique.

Donc, pour commencer, chaque milieu, en envoyant électivement au petit ses incitations propres, découpe dans cette énorme carte génétique une esquisse culturelle, et en partie somatique, qui lui ressemble. Et dont de nombreux traits seront attribués à l'hérédité, ou à la « race ».

Qui ont bon dos. Surtout quand il s'agit de justifier les inégalités, en collant à la Nature ce que le milieu a fait. La « Nature » fait une offre, le milieu tire de là une série à son image.

La Nature fait *à tous* (sauf accidents définis) une offre immense. Et attention : pour chacun *différente* — étant donné le nombre d'éléments en combinaison (pour deux cents gènes de chaque parent, 10^{90} enfants dissemblables possibles : calculez combien avec vingt millions de gènes de chaque. R. : autant que d'atomes dans l'univers).

C'est là qu'il faut foutre en l'air deux notions débiles, qui ont pris racine dans les cerveaux occidentaux. 1) la notion d'inégalités et égalités « naturelles » : ça n'a pas cours à ce niveau de différenciation. Personne n'est égal, tout le monde est différent. 2) La présomption adulte que l'éducation forme, modèle comme d'un tas de glaise, élabore du complexe à partir du rudimentaire. Analogies de manufacturiers. Comme d'habitude il faut prendre le contre-pied de l'idée reçue : on n'ajoute pas on rogne, on ne complique pas on simplifie, on aplanit les différences (et diversement : on aplanit d'autant mieux que la classe est inférieure [1]). C'est en élevant un enfant (mot impropre, qui présuppose qu'on est soi-même en haut) qu'on « reproduit », non en faisant l'amour. En procréant, on crée du nouveau complet, perdez l'illusion de vous recommencer. En vertu de la loi des grands nombres, la nature est créatrice. En vertu de la loi des petits desseins le milieu est réducteur. Il puise, dans des coffres remplis d'inconnu et d'infinie diversité, du déjà connu et du même.

Un jour, le coffre se referme. Scellé. Car les délais d'éveil sont pour chaque gène programmés.

1. J. Larmat : Génétique de l'intelligence.

Avec le temps la charge s'affaiblit, le gène non appelé en son rythme se rendort à jamais. L'hypothèse actuelle est que tout est joué à 4 ans, mais ne désespérons pas encore allez, la vérification est délicate.

HEUREUSEMENT LE HASARD est passé par là, le hasard le monde divers, et a puisé aussi, n'importe quoi. Le hasard est le grand maître d'œuvre, il est l'agent d'éveil génétique n° 1 et c'est notre veine, à tous, il peut traverser les classes, les frontières, et même il arrange notre cerveau, à la fortune du pot, c'est-à-dire dans le cours même de nos plus fines expériences (jusqu'à quel âge ça on ne sait pas). Le hasard nous crée, grâces lui soient rendues!

Pour prendre un exemple ridiculement simpliste : la famille Bach a de fortes chances de sortir un musicien, vu que le petit a les oreilles rebattues (alors on criera à l'hérédité, malin), mais une famille de pots peut en faire autant à la surprise générale, on aura promené le petit sous un arbre dans lequel chantait une grive un soir. Ou n'importe quoi. Car on ne sait pas comment se fait l'éveil, et heureusement, Mammon sait ce qu'Ils iraient trafiquer, d'ailleurs Ils essayent. Que le hasard nous protège!

On ne sait pas comment se fait l'éveil, et on ne sait pas non plus ce qui a été éveillé, et attend son heure, prêt à sauter sur l'occasion de s'exercer, laquelle peut se faire attendre : le gène une fois éveillé ne se rendort plus. C'est pourquoi jamais il ne faudrait dire : Je ne suis pas, tu n'es pas doué pour ceci cela. Qu'est-ce qu'on en sait? Ça peut surgir n'importe quand.

Quoi qu'il en soit, la petite part de nous éveillée est encore un océan auprès de ce que l'Entreprise utilisera. Notre monde d'abondance est de tous le plus pauvre : on y exerce, « normalement », dit-on, au-dessous du dixième de nos capacités. Cette information, que certains adultes ont reçue, est intéressante surtout pour les enfants, dont les chances d'éveil ne sont pas toutes épuisées.

Naître est notre sommet. Jamais nous ne serons aussi formidables que ce jour-là. Après on ne fait que décliner.

`Un adulte, ce n'est pas, comme ceux-ci croient, un être achevé, c'est un arrêt de développement.

L'être humain n'est jamais la fourmi, l'insecte parfait. On dit qu'il resterait toute sa vie en chantier — et ce serait sa gloire, dans un monde de créativité et d'émerveillement.

Nous sommes dans un monde d'exploitation de plus en plus machinale et de gestes réduits à la survie. La fourmi, c'est le rêve abstrait de la Force Aveugle qui nous rêve, et la grande fourmilière planétaire, c'est son dernier kharma.

Les traumatismes de la naissance

Les premiers instants sont donc capitaux. Il y faut l'intelligence de la vie.

Comment avoir l'intelligence de la vie? Nous avons perdu « notre animal », et nous ne sommes pas devenus des sages. Aujourd'hui la sagesse est l'affaire des experts.

Aucune mammifère ne bat son petit à sa sortie, toutes le lèchent, le réchauffent contre elles, et le laissent tâtonner vers le sein. De toute façon elles n'ont rien d'autre. Elles subissent des pertes, il faut bien dire. Nous on n'est pas des bêtes, on a des hôpitaux, et des experts pour assurer la survie des petits.

Quant à la « vie »... Lumières éblouissantes,

clameurs, agitation, hâte, arrachage du nid, la douleur de respirer d'un coup ou la mort, qu'est-ce que tu décides? Pour te tirer de tes hésitations, quelques tapes. Manipulations, rudes contacts, et au coin, ta mère tu la rencontreras plus tard (des exceptions, en milieu riche et cultivé).

Qu'est-ce que ça peut éveiller cette violence, d'entrée de jeu? — que la survie n'exige pas; c'est en prime. Mettons-nous à sa place qui fut nôtre : tu arrives, on t'attrape par les pieds, tête en bas...

Le vertige. La trouille, la panique. L'horreur absolue, au secours! si j'avais su j'aurais pas venu. Le découragement, le foutu d'avance. On peut dire que comme arrivée c'est plutôt loupé, pauvre animal. Au lieu de se couler harmonieusement dans cet univers, qui sera sien, il y est précipité tête première...

La rage. L'agressivité.

Sur une structure mentale de dominant

Alors ils disent : LE traumatisme de LA naissance, comme s'agissant d'un absolu. Oubliant, gommant, que des traumatismes ont été infligés. Certainement c'est un choc de naître — mais le bouleversement ne se changerait-il pas en joie, à l'occasion?

Ils disent : l'agressivité est « dans la nature humaine » — ce postulat métaphysique largement accepté justifiant, même aux yeux des libéraux, un minimum de contraintes sociales; ce n'est donc pas rien. Oubliant, gommant, que cet humain fut, au départ, agressé pour de bon. Oubli étrange. Oubli de *voir* les phénomènes. Oubli (?) de se voir agresseur. Et transfert sur l'Autre du « mal ». Le tort sur la victime. Ainsi fonctionne le dominant, qui de la même façon ne parle de « la violence » que lorsque l'opprimé résiste à celle qu'il a d'abord exercée et qu'il gomme.

La « nature humaine », on ne l'a jamais vue. L'humain est socialisé dès sa première minute. L'agressivité humaine « naturelle » est peut-être une réponse à l'agression?

Coupures

Le nouveau-né est séparé sans délai du corps nourricier. Dans les hôpitaux les plus avancés, un bac de verre, en compagnie d'une assemblée de tes pareils, et mieux encore, un cœur maternel pour tous, qui bat en haute fidélité par haut-parleurs : car ils se sont avisés que tu cries après le ventre de ta mère. Le dedans bien sûr. Alors ils en ont fait un artificiel. Mais ils ne vont pas te mettre dessus.

Séparé de la chaleur humaine, tu as froid forcément : ils ne te la rendent pas, ils te couvrent de laines. Te séparant de ton propre corps, te privant de ta nudité, et du même coup la mère de son enfant nu avec qui elle pourrait faire connaissance par le moyen le plus probant, le toucher la caresse. Les chambres sont pourtant chauffées, la contagion improbable entre ces deux-là qui étaient l'un dans l'autre — ou bien s'agirait-il de morale? La maternité est douleur, pas question que les femmes en jouissent? Ni les enfants : il est souvent séparé du sein, qui le fait jouir, le manger est séparé du jouir. Et aussi du désir : la nourriture arrivera du dehors, aux horaires découpés par une Autorité, le pédiatre (des pédiatres avancés, opérant surtout en milieu aisé, permettent de nourrir l'enfant quand il a faim [2]).

2. La question de l'allaitement est des plus complexes. D'un côté l'allaitement tient les femmes, le biberon les libère. Les

*Enfants et femmes : antagonisme actuel, solidarité
potentielle*

On met l'emphase sur le point de vue des
enfants, du coup celui des femmes paraît escamoté,
puisque dans l'état actuel des choses les deux ne
concordent pas. Dans une société où la progéniture
est tirée d'elles par force, même si c'est la force de
la persuasion ; où les enfants sont « leur lot », et
sont utilisés pour les aliéner, les femmes veulent, ne
serait-ce qu'au niveau de l'inconscient, en être aussi
libres que possible. Réponse légitime à la pression.

C'est là encore un antagonisme instauré par les
structures de pouvoir, et on ne peut imaginer de
résolution que hors de ces structures-là : de fait, on
voit des recherches de solutions pratiques dans les
groupes marginaux, communautés ou mères délibérément autonomes (haïes par l'Établissement, bien
sûr). A l'intérieur des structures de pouvoir, le
rapport enfants-femmes est d'une douloureuse
complexité, l'antagonisme mère-oppresseur/enfant-
charge dissimulant bien commodément la communauté d'oppression et empêchant toute stratégie

libère pour le travail en usine, par exemple. D'un autre côté le
lait maternel est gratuit, tandis que les laits en boîte sucrés font
vivre une importante industrie (de même l'emmitouflement des
bébés, en plus de sa fonction puritaine), et conditionnent aux
confiseries pour plus tard. En outre le lait maternel confère une
immunité qui dispense des vaccins, autre industrie. Vraiment
compliqué.

En U.R.S.S., l'allaitement est « recommandé ». L'industrie ne
fonctionne pas sur les mêmes bases, d'une part, et d'autre : au
pays de Pavlov, où les consignes éducatives viennent d'en haut,
l'attachement renforcé à la mère permet la technique du « retrait
d'affection » aux fins de dressage. Comme quoi la question
est : entre les mains de qui est la science, entre les mains de qui
est l'industrie, entre les mains de qui est le pouvoir

horizontale de lutte, entre classes solidaires abolissant le rapport de verticalité. Il serait temps de dégager la vocation de solidarité enfants-femmes.

Nostalgies génétiques

Des séparations, des coupures, sur toutes les voies de communication, avec l'autre, avec soi-même : il y a là comme un système, comme une intelligence à l'œuvre. Pas l'intelligence de la vie. Intelligence mécanique de la Force Aveugle, dont les effets « analogues » se retrouvent reflétés dans les actes commis à tous les niveaux de chaque institution.

Que peuvent produire ces coupures, quelles régions génétiques vont-elles privilégier, quelles autres inhiber, quelles mutilations peuvent-elles opérer, à ce stade crucial, sur l'équipement sensoriel mental, etc.?

On ne sait pas, on n'y a pas tellement pensé, tant il va de soi que cette petite chose est un objet (précieux).

Couper, séparer, ça évoque, pourtant, ça éveille des résonances, avec certains états, qu'on connaît bien : coupé de son corps. Du réel. Sens morcelés. Éloignement de tout. Besoin dingue de recoller ses morceaux, de rejoindre, de se rejoindre, de se dépasser, de se défoncer pour, pour retrouver une chose perdue dans la nuit des amnésies. Ça résonne quelque part, avec un appel très lointain. Tu sais que tu es un ange tombé. Abattu.

Le bébé, cet inconnu

Le plus prématuré des vertébrés supérieurs a besoin durant des mois, pour survivre et se déve-

lopper, de la présence de corps nourrissants-réchauf-
fants-caressants-stimulants-et-communiquants. Sa
motricité est limitée (on a constaté pourtant qu'il
sait nager en naissant, s'accrocher, mais ces capacités ne sont encouragées qu'à un stade expérimental), sa coordination n'est pas très au point. Il ne
parle pas la langue du pays, et beaucoup pensent
qu'il ne comprend pas non plus. Sa seule arme est
le braillement. D'où ceux-ci.

Car il n'est pas un handicapé sensitif. C'est le
meilleur récepteur existant, et il a tout le temps. Il
capte les messages, y compris ceux des inconscients
environnants, et fait des bilans. C'est un extraordi-
naire analyseur de gestes, attitudes, touchers, sons,
voix, il sait s'il est bienvenu dans la maison et
toutes sortes de secrets, il serait télépathe, et verrait
les auras, au moins durant quelques semaines.
Après ça part on ne sait pas pourquoi : par non-
usage? Et peut-être a-t-il/elle, avions-nous, d'autres
sens, également perdus en route, qu'on ne retrouve
que chez des rescapés. Sans parler de ce qu'on ne
connaît même pas. Il/elle communique, si ses
adultes ont l'idée, le temps, la patience d'explorer
des voies non verbales. Il éprouve la souffrance, et
d'extraordinaires contentements, qui étonnent tous
ceux qui n'ont jamais été des bébés. Ce qu'il lui en
faut peu pour être heureux ce n'est pas croyable, à
vous faire attraper la nostalgie. C'est un chercheur,
il n'arrête la recherche que lorsqu'il dort. Il a
parfois des airs de vieux sage. Il sait peut-être
encore. Il a son voyage, qu'il ne sait pas raconter et
c'est bien dommage qu'il l'oublie (qu'on l'oublie)
après, il n'y a peut-être rien pour dire cette
aventure-là dans la langue adulte (d'où l'intérêt
fantastique des langages schizophrènes, au cours
du voyage de retour).

Les hypothèses avancées sur son vécu sont

incertaines, ou déduites d'a priori théoriques (théories analytiques). Sauf exceptions (antipsychiatres, Gérard Mendel, Rogers, éducateurs d'Évolène et d'autres, en nombre tout de même croissant), les adultes oublient qu'une part de son comportement est une réponse à leurs agressions ingénues, dont certaines de routine, certaines ils appellent marques d'amour, et dont d'autres proviennent à leur insu et directement de leurs inconscients redoutablement embrouillés. Et rarement regarde-t-on le bébé selon l'optique : si j'étais à sa place?...

Ce bébé que nous avons tous été est un inconnu.

Sa vie est entre les mains des Grands Êtres parmi lesquels il s'est posé, comme un oiseau venu d'ailleurs.

Ces grands êtres, pour ce qu'on sait, n'éprouvent pas souvent la folle tentation d'interroger à travers lui leur propre origine. Sont pas bien curieux.

Mise en dépendance

Le besoin du petit, c'est un état de fait. On le satisfait, si on veut qu'il vive, et voilà tout. Non? On peut même en remettre, être à l'écoute, se montrer créatif, si on veut qu'il développe le maximum de ses possibilités fantastiques. Voilà. Ça paraît évident.

Malheureusement, un besoin vital est aussi un terrain parfait de manipulation. Et on peut, en rendant la satisfaction problématique ou conditionnelle, mettre le petit en dépendance.

Ce n'est pas un état de fait la dépendance, c'est une relation. Une relation de pouvoir : on dépend de. En disant comme on fait ici en absolu « LA dépendance du petit enfant », on opère un glissement sémantique, qui signale traîtreusement qu'on lit son besoin vital comme un pouvoir sur lui.

Le mode de vie moderne au reste collabore à cette mise en condition. Quand les autres se traînent par terre, le bébé occidental moyen est perché dans un lit à barreaux (cage?) qui n'offre même pas l'espace suffisant à sa faible mobilité, entravée encore par draps et vêtements; il passe d'une motricité limitée à la passivité totale (« le piège du berceau », disent Sonia et Brian Jackson. Extrait de *Parents*). Ses adultes sont affreusement mobiles, occupés, indisponibles, et ils ne sont que deux, il n'est pas mêlé au monde grouillant, aux tableaux divers, à la Nature variée, son champ visuel est morne, des murs un plafond un jouet pendu, c'est son univers. On le met à dormir plus que son soûl, pour son bien, et pour la paix de ses adultes. Quand, ailleurs, il pourrait ramper vers un sein proche, ici il ne peut pas descendre de son lit pour aller faire chauffer son biberon. Il doit attendre que ça vienne — ah, ce qu'il attend, lui/elle pour qui le temps est si long! Et très vite, il doit remplir des conditions pour voir ses besoins satisfaits. Pour que' quelque chose se passe. Il apprend rapidement qu'il peut exercer des pressions lui aussi, par ses cris perçants. Nous voilà dans une relation de manipulations mutuelles, en pleine immoralité. Il n'est pas le plus fort bien sûr. Ainsi s'édifie son psychisme sur le sable mouvant de l'insécurité, de la peur de ne pas avoir. Ça c'est la dépendance.

La dépendance la plus profonde au monde

La dépendance des enfants de nos sociétés est instaurée par traîtrise, à partir d'une différence de

musculature et d'expérience, et d'un besoin vital
contrarié et manipulé de relation à un milieu nour-
rissier-réchauffant-caressant-etc.

Etablie sur un rapport de forces, elle est fixée par
un statut légal et institutionnel, obligée par un
statut économique, intériorisée par l'action psychologique. Et si possible acceptée sans résistance,
voire désirée, et éternisée sous l'effet d'un conditionnement émotionnel par lequel le pouvoir
contraint l'enfant à nommer « amour » et à ressentir comme tel l'expérience qu'il a de sa dépendance.

« Le choix d'une syntaxe et d'un vocabulaire
sont des actes politiques qui définissent et circons-
crivent la manière dont les faits doivent être
conçus. » R. D. Laing, *la Politique de l'expérience*,
Stock, 1969.

Rapport de forces

« Qu'il sache seulement qu'il est faible et que vous êtes fort, que, par son état et le vôtre, il est nécessairement à votre merci. »

J.-J. Rousseau, *Émile*.

Depuis ce temps-là quelque chose a progressé : l'hypocrisie. On ne s'exprime plus avec cette saine franchise.

La mention d'un rapport de force a mystérieusement disparu, ce n'est plus qu'amour, protection, heureuse et logique acceptation d'une autorité désormais « naturelle ». Cachez cette différence de taille que je ne saurais voir. Plus une société est vicieuse, plus haut elle clame ses vertus. Lao-tseu.

Sauf qu'une chose comme « autorité naturelle » ne tient pas debout une minute à moins d'une force qui la sous-tend : l'issue du combat est si assurée qu'il n'est point besoin de le livrer.

C'est le rapport de forces qui est la base du dressage et de l'éducation.

Dressage des désirs

Il y a des désirs légitimes et non, opportuns et non, des bons et des mauvais désirs, et ce sont les grands, forcément, qui établissent priorités et échelle de valeur.

Il est largement admis qu'on ne peut pas

satisfaire tous les désirs des enfants : ils en ont trop.

Ce « trop » quand on y regarde est bizarre. Comment un petit vivant peut-il avoir « trop » de désirs ? Trop pour quoi, trop pour qui ?

Ce « trop », surtout évident dans nos civilisations, et un peu moins au fond des campagnes, est la résultante d'un fantastique écheveau de socialisations.

Pour prendre l'écheveau par un bout, le petit lui-même : la somme des frustrations subies au seul moment de la naissance (manque de contacts) a creusé en lui un gouffre désormais difficile à combler. La remarquable solitude du bébé occidental, surtout citadin, dans son berceau, sa chambre, avec un entourage restreint ; l'importance énorme de La Mère et sa rareté corrélative, créent un vide appelant. Un peu plus tard nous ajouterons les incitations constantes à la débauche, de jouets en vitrine petits noëls comparés bonbons publicités jeux des récompenses conseils de putasserie prodigués Comment obtenir de papa de maman, etc. Tout concourt à créer une demande insatiable et irrationnelle.

Par l'autre bout : la non-disponibilité des adultes. Un enfant (et plusieurs donc !) — spécialement le petit frustré que nous produisons — aux soins d'une seule personne, dans un monde cloisonné chacun chez soi, monde incommunicant où les flux ne circulent pas, c'est pure folie. Parlons pas des mères à double journée, travail service domestique enfants, et homme en plus : ce sont des forçates. Mais les autres, et les pères non plus ne trouvent le temps. Personne ne l'a. Pour rien. La disparition du Temps est le plus grand mystère policier de l'époque, Qui a volé le Temps ?

La Force Aveugle. Cloisonnement des familles,

de l'habitat, du travail, des loisirs, de l'espace, de tous les actes de la vie et du temps lui-même en horaires. Le temps s'est volatilisé.

La disponibilité étant ôtée aux adultes par tous les bouts, il faut que les désirs soient réglementés, les besoins vitaux mis en urgence : heures de repas, de bains, de sommeil (ça le plus possible), guerre précoce du pot. Ça gâte plutôt le plaisir. Le plaisir ça prend un temps fou, le temps d'en jouir, si on les écoutait ça ne finirait jamais. On ne peut pas. Ils ne savent pas, eux, dans quel merdier leurs adultes se sont fourrés, ce n'est pas une chose facile à comprendre, c'est si bête. Alors : écoute, grouille un peu, tu crois que je n'ai que ça à faire? Et cette obsession-là, ça devient vite machinal.

Les désirs ils viennent n'importe quand. Voire, sur le riche terrain des frustrations, de préférence quand il ne « faut » pas. Ils ont bien des chances d'être « de trop » les malheureux, même lorsque la bonne volonté ne fait pas défaut.

Alors si en plus il y a la morale!

Il y a, et presque toujours, et même c'est plus pesant que le reste. Insidieuse ou criarde, inconsciente aussi bien. Machinale. Une énorme trouille du désir enfantin. Du désir. Trouille qui dit non par réflexe. Pour la morale, tous les désirs, hormis besoins légitimés, sont en trop.

Et quoi, sinon la force, permet de retirer fût-ce en douceur un pouce du bec, et une main d'où il ne faut pas? Essayez donc avec votre collègue de bureau.

*

Les désirs d'enfants sont des « caprices » — comme ceux des femmes. Normal : les désirs du dominé ne sont pas au programme du dominant il

85

n'en a rien à foutre ça le dérange, *donc* ils sont irrationnels. L'insistance et l'affliction bruyantes sont des « comédies », Vas-tu finir tes comédies, dira le père machinal traînant son petit par la main, de la forte sienne, hors du champ de désir. Ainsi frappant l'expérience d'inauthenticité, incitant à ladite « comédie », et coupant la communication.

(Plus tard il s'étonnera que le fils grandi ne veuille pas faire copain, il parlera du fossé des générations. En effet il y en a un, il l'a creusé lui-même.)

L'enfant qui désire est pris dans une machine à affrontements. Est défait, n'étant pas le plus fort. Ensuite, on peut lui « céder », sous conditions. Enfin il dira merci, parce qu'on est gentil [1].

C'est comme ça que ça rentre, la loi du plus fort. C'est comme ça qu'aimer et dépendre sont intimement accouplés. Le cas échéant, on apprend aussi à séduire pour obtenir. Très utile, dans ce monde.

Quant au désir, il sort de la machine dans un drôle d'état : tordu, fripé, incertain, prêt à se rentrer au moindre obstacle. On a appris que ce n'est pas simple. On est prêt pour l'autorépression. On a dans les deux ans.

La laisse

On marche. On peut quitter la cage. Moment merveilleux où on peut aller tout seul, voir et toucher tout est inaccessible. Soif violente d'exploration. C'est à peu près le temps où l'enfant des îles

---

1. Ce que B. Muldworf, au fait des techniques pavloviennes, appelle avec enthousiasme « l'apprentissage de la satisfaction différée ». (*Le Métier de père*, Casterman.)

Samoa s'en va où ses jambes peuvent le porter, trouvant partout accueil et nourriture.

Évidemment, ici, ce n'est pas la grande famille. Le monde est plein de dangers et de brutes, l'inattention est la règle, c'est à la victime de se garer. Le meurtre est admis si le feu est vert, le conducteur ne peut pas s'arrêter puisque sa voiture va trop vite, il ne le verra même pas si c'est son propre enfant. Donc, il faut un temps supplémentaire, spécial-industrie. Pas pour les brutes. Pour les petits, avant de lâcher la main.

Mais on peut aussi la garder si on veut — puisqu'on *peut* la tenir. Sauf exceptions (confiance, ou alors pas le temps), la libération de la menotte s'accomplit petit à petit, et au muscle, c'est une commune expérience. Et quand finalement on est lâché, l'action psychologique a eu le temps de faire son œuvre, et il se peut qu'on ait appris à aimer sa dépendance. En tout cas on a appris la peur

L'inceste

Malheureusement il a sa place ici. Pas seulement pour ce qui est du viol paternel avec fruits éventuels et intervention de la Justice. Pour aussi bien l'inceste non « consommé », caresses sans traces. Très répandu, et comment le sauriez-vous? A moins d'être confesseur et encore. On n'en parle pas. Parfois, un enfant à son ami, ou plutôt : une enfant à son amie : car le sens père-fille domine, même tenant compte que l'autre est plus inavoué — encore que, dans des milieux cultivés, l'inceste mère-fils, fruit tardif et réactif de la psychanalyse, se soit mis à remonter le peloton, il reste loin derrière, avec l'inceste homosexuel, très secret par trop de tabous mêlés.

On ne parlerait pas de l'inceste parents-enfants, car il n'est qu'un cas particulier de la relation adulte-enfant qui est l'une des plus riches lorsqu'elle est vraiment réciproque, on n'en parlerait pas, n'était ce sacré rapport de forces. Il gâte tout. Comment démêler désir de soumission ou crainte? ou intimidation, ou forme tacite de chantage? ou autorité naturelle...?

Si, version mère-fils, pouvoir parental et pouvoir mâle vont en sens contraire, version père-fille ils s'additionnent. Il faut voir là la raison d'une plus grande fréquence du dernier cas, et, donc, l'importance du facteur pouvoir dans l'affaire.

Manifeste ou non, le rapport de pouvoir est là, dès lors l'inceste est du viol. Dommage.

L'éducation

Le choix des formes de la relation appartient aux grands.

Et comment voulez-vous qu'on lui demande son avis, il ne parle pas!

Et le lui demandez-vous quand il parle? Il ne saurait pas? Qu'en sait-on, sans avoir essayé?

La vérité c'est qu'on n'y pense pas. C'est décidé unilatéralement. D'ailleurs, ce n'est pas le mot « relation » qui est utilisé. C'est le terme « éducation », qui contient la notion de pouvoir.

A partir de là, les variantes sont affaire de confort, et bien sûr il vaut mieux ne pas être battu, ça fait moins mal. Du reste la taloche ponctuelle est aussi efficace. Même une seule gifle serait assez, la suivante restant suspendue en l'air. Au fait, la voix suffit : elle rappelle la différence physique, elle en est l'émanation naturelle.

Quels parents parlent à leurs enfants sur le même

ton qu'aux autres personnes? Et n'est-ce pas bizarre, quand on y songe? Et pourquoi n'y songe-t-on pas en général? Ce ne sont pas des personnes peut-être. Ils sont durs de la feuille? Non, justement, ils ont l'ouïe la plus fine, et saisissent chaque nuance, dès bébé. Croyez bien que celle-là ne leur échappe pas. Elle les renvoie à leur statut spécial.

On ne peut pas dire : « Pourquoi me parles-tu plus fort à moi? » Parce que la réponse correcte est : « Parce que je suis le plus fort. » Inavouable. Mieux vaut bloquer ce type de questions, la voix de l'Autorité est justement faite pour les prévenir. On ne peut pas parler aux parents. Surtout de ce qui est important, surtout de leur relation avec nous. On ne peut pas leur demander de la modifier si elle est trop dure, puisqu'elle est dure. Si elle est brutale, on ne peut pas se défendre. Ni protester : ce serait pire. On n'a pas d'autre choix que s'écraser, se faire encore plus petit, et attendre Attendre de *grandir*, précisément.

Des enfants muets sont enfermés dans des cercles, deviennent passagèrement fous (ou pas passagèrement), et personne ne songe que ça peut être grave : lui/elle « fait la gueule ». Lui/elle pendant ce temps-là pense à mourir, va peut-être le faire, se demande pourquoi on l'a mis au monde, et la raison de tout cela. L'angoisse est le compagnon silencieux de l'enfance mais qui s'en doute? mieux vaut la taire.

Plus tard, parfois, on peut se mettre à presque parler, oh pas l'essentiel, des petits trucs. On dit : ça va mieux avec les parents. Quand? Quand on est devenu aussi grand qu'eux. Pas oublier de noter ce détail.

Tant qu'ils ont la force, ils en usent.

L'éducation libérale est un hybride de conscience parentale plus éclairée et d'un moment historique, où, écraser les jeunes n'étant plus si payant, l'Entreprise espère des exploités heureux.

Ni le principe de la hiérarchie, ni les buts, ne sont toutefois mis en question. Les magazines répandus dans la classe haute-moyenne (pionnière), les encyclopédies familiales, traités, associations et même Autorités expriment cette ambiguïté d'un bâton en forme de carotte.

Certains des braves experts libéraux sont de braves humanistes qui ne voient pas pour qui ils travaillent, ce ne sont pas tous des salauds acharnés à planter chez les jeunes des valeurs morales hiérarchisées. Penchés sur leur microscope ils étudient leur objet (enfant) et oublient le reste, ignorant que derrière eux l'Ogre se saisit de leurs découvertes, et, s'instruisant aussi, en fait des armes de guerre antisubversive. Voilà ce que c'est de ne pas avoir une tête politique, on tire les marrons du feu. L'humaniste garde la gloire et le Pouvoir prend du pouvoir. « Il en sera ainsi, chers humanistes, tant que vous couverez votre illusion d'objectivité, à laquelle vous êtes bien seuls à croire, en plus on n'est pas des objets. Subjectivement à vous, les enfants. »

Le rapport de force reste latent, les enfants sont plus petits on n'y peut rien, et en dernier ressort le glaive peut resurgir dans les mains de parents épuisés d'être assis entre deux chaises, épongeant à leurs frais les bavures de la société, et n'en pouvant plus de leurs libres rejetons qui passent les bornes. Car tout de même il y a des bornes, on n'est pas au Paradis.

La non-application de la force est du reste compensée par la sur-application de l'action psychologique : c'est l'espace intérieur qui est réduit quand le champ d'expression est large. Confort et confusion, ou misère et clarté?

« Chers parents. Ce n'est pas à dire qu'il vaut mieux taper, ne le prenez pas comme un avis. Au reste nous n'avons pas d'avis à donner. Tant qu'il s'agit " d'éducation des enfants ", nous ne sommes pas concernés. Il s'agit de votre " notre éducation ", il s'agit de *votre* nous, il ne s'agit pas de nous. Nous sommes absents de tout cela, ce sont des oignons de grandes personnes, pleurez donc entre vous.

« Le mot éducation dit à peu près ce qu'il veut dire, et puisqu'il ne vous a pas arrêtés, eh bien continuez. De toute façon toutes les éducations sont mauvaises et c'est notre veine, quand Ils en auront trouvé une bonne alors alors on sera vraiment foutus.

« Là où le mot " éducation " lui-même n'a plus lieu d'être, là seulement on peut employer celui de " relation ".

« Nous en attendant, quoi que vous fassiez, on essaye de ramer et d'en sortir vivants, si possible. C'est là notre problème

« Vos filles et fils, ramant. »

*

As soon as you're born
they make you feel small.

JOHN LENNON

Quand on est petit, on ne se sent pas petit

Observez la percée royale des chatons, qu'énormes matous comme mères laissent arriver premiers au plat. L'attitude du grand matou est une sublimité : c'est lui qui paraît frappé d'impuissance devant le mouflet arrogant, sans crainte, qui se permet de lui souffler au nez. Il se laisse dépasser par l'événement et prend un air modeste, tout conscient qu'il est de sa force. Ce ne sont que des bêtes il est vrai.

Quand on est petit on ne se sent pas petit, on se sent soi. Une moindre taille n'a pas par soi signification d'impuissance : elle prend ce sens quand elle est utilisée pour établir un pouvoir. C'est là qu'on se sent petit.

C'est par la main qu'on emmène pour la première fois à l'école un enfant réluctant qui vainement tire de toutes « ses petites forces ». On n'y arriverait pas sinon, essayez avec votre voisin de palier. Par la main qu'on l'emmène « au docteur » qui lui donnera un tranquillisant, au psy qui le normalisera, etc. A l'âge où il n'est pas encore « raisonnable », il n'y a que la force du poignet pour l'insérer.

Mesurable en poids-centimètres, le rapport de forces est présent jusqu'en fin de croissance. Là, il arrive qu'il s'inverse, et qu'un père brutal, s'entendant informer que son fils est devenu aussi grand que lui, s'écrase comme une crêpe; joie plus rarement donnée aux filles, pour des raisons musculaires.

Et est-ce un hasard si l'âge de la majorité, en sociétés d'abondance, est abaissé avec la venue de générations qui, mieux nourries, grandissent plus vite?

Si soigneusement qu'on essaye de le masquer, c'est le rapport de forces au départ qui permet d'implanter toutes les autres formes de sujétion.

Action psychologique ou combat contre un adversaire ligoté

Le jeune cerveau — le plus complexe ordinateur sous le plus petit volume existant — est physiquement malléable. On peut y imprimer littéralement des codes, des mémoires, des relais de conditionnement, des informations justes et fausses. On peut y inscrire des ordres, qui pourront opérer à retardement sous forme de « mécanismes de répétition » mystérieux au sujet lui-même (ainsi que l'a montré l'analyse familiale, en particulier de Laing-Cooper-Esterson, qui pousse l'enquête jusqu'aux grands-parents). Bref on peut faire joujou avec ce joli appareil.

Il est à la merci du milieu, qui ignore comment ça marche (personne ne le sait), et d'abord et surtout des parents. Eux-mêmes déjà traités, généralement porteurs machinaux de la commande sociale, de leurs propres charges de frustrations, des ordres parentaux inconscients, ils vont lui transmettre pour commencer tout leur paquet, tandis qu'il est sans points de référence.

L'armée en campagne

Lorsque le petit combattant atteint dans les quatre-vingts centimètres, les forces locales familiales reçoivent l'appui massif des forces régionales et nationales, dont la pression est si forte que même une famille de résistants, complètement encerclée, peut avoir le dessous.

L'armée de la guerre psychologique comprend d'abord tout le voisinage, lequel, si un enfant n'est pas élevé comme il faut dans le coin, se portera courageusement volontaire (ceux qui se sentent du bon côté sont toujours pleins de courage) pour lui faire sentir qu'il n'est pas bien. Les enfants de parents permissifs sont mal vus, et mis mal à l'aise par tout l'environnement, en viennent à souffrir de leur liberté. C'est là que les experts ravis brandissent un « besoin de protection », inné sans doute, et un « besoin de conformisme », — qui est la peur : les enfants savent que les gens sont très méchants avec ce qui n'est pas comme eux.

Derrière les voisins arrivent les cohortes guerrières, super-armées, des enseignements religieux de toutes confessions locales (toutes patriarcales dans nos régions, et celles des exploités d'importation) : Dieu comme commandant en chef, une stratégie millénaire dans l'investissement des âmes, et le feu éternel pour les insoumis. On cherche aujourd'hui à minimiser leur portée, mais le conditionnement judéo-chrétien est toujours là, humus de nos misères intérieures, et les enseignements dits laïcs le continuent bravement, étant au service des mêmes maîtres. Dieu s'appelle la Morale et dit la même chose : bien, mal, soumission à la loi du père ou faute. De-ci comme de-là l'enfant sort ou noir de péchés ou de défauts, monstre à ses propres yeux : la distance évidemment est énorme entre le modèle présenté et ce qu'il se sent être — et ses désirs : ceux-ci sont tous coupables.

Attention, pas seulement ceux du sexe. Le sexe a

bon dos : depuis qu'il a été (re)découvert chez les enfants et qu'on ne peut plus le nier, il sert à recouvrir et cacher le reste. Une castration de *tous* les désirs (les désirs de révolte, par exemple) est *ramenée* à une castration du « pénis », anatomiquement présent ou non. Laquelle castration, n'étant pas réelle et au couteau, est donc symbolique, et avec ces symboles de symboles y a plus rien, le lapin a disparu.

La répression sexuelle fait des dégâts considérables dans l'organisme, cerveau inclus [1], mais le trafic sur l'expérience peut rendre « fou [2] », le goût encouragé pour la dépendance rend masochiste, les manœuvres antidésirs coupent les flux des énergies, la fixation sur les parents ligote, le complexe émotionnel nommé amour — l'huile de la courroie de transmission — fait tout accepter et pénétrer profondément dans l'âme. C'est tout ? Non.

L'arsenal des media

L'arsenal de la guerre psychologique comporte tout un jeu de media. Bombardement intensif par écrits et images tirant un modèle unifié : la littérature pour (?) enfants est soigneusement contrôlée ; en même temps les images incitant à la violence sont laissées tout à fait à leur portée, ce n'est donc pas l'effet d'un hasard. Au premier rang des armes de persuasion, les jouets. Très étudiés, les jouets. Et pour cause : on peut tout faire entrer

1. Le sujet a été largement traité. Voir entre autres Reich, *la Révolution sexuelle,* pas encore dépassé hélas. René Scherer, *Émile perverti,* Laffont, 1974.
2. Voir en particulier Laing et Esterson : *la Santé mentale, la folie et la famille,* Maspero. Cooper, *la Mort de la famille,* Seuil. Laing, *la Politique de l'expérience,* Stock.

par là. Panoplie du petit para et jeu de pistolets, pour les garçons, et pour les filles ustensiles de cuisine (la première question qu'on vous pose au rayon des jouets : C'est pour un petit garçon ou pour une petite fille? les étalages sont séparés), rien au hasard. Le combat militant contre les jouets guerrier est vain, vu le pouvoir de tir adverse : les enfants les réclament, le refus ne fait qu'exacerber leur envie. Mais on fait mieux aujourd'hui que ces grossières incitations à la débauche : des jeux très sophistiqués, très attirants, — et fort cher : coup tous-tableaux — enseignant comment on doit vivre : la petite usine avec patron, contremaître et ouvriers (garçons, familles aisées bien sûr), la maison complète avec chambre des parents, chambre des enfants, et tout ce qu'on achètera dans les circuits de distribution monopolistiques (filles); ainsi que toute une variété de jeux d'appropriation-expropriation et accumulation primitive de capital, on ne commence jamais assez tôt.

Si avec tout ça il en reste, c'est un miracle.

Ce miracle pourtant a lieu. Le minuscule adversaire respire encore, et parfois lutte héroïquement Même dans des cas d'artillerie lourde : après tout, un des fils du pédagogue Schreber (1808-1861, inventeur de la ceinture à attacher l'enfant à son lit pour qu'il ne se touche pas) s'est tout de même suicidé, et l'autre est devenu « fou », et ce seul exemple suffit à montrer que l'artillerie lourde rencontre quelque part là-dedans des résistances fantastiques. Comment sont-elles là, sans références? D'où venues, de quoi faites? Cette question d apparence métaphysique peut recevoir une réponse simple à partir du moment où l'on pose que l'éducation peut être assimilée à une tentative de meurtre : l'agressé essaye de ne pas se laisser complètement massacrer Étant né, il veut vivre, et dans ce besoin il s'accroche à toutes les branches. Il paraît que le goût de vivre est une force énorme.

Il y a des branches. Le hasard, bien-aimé hasard. La circonstance.

Toutes les contradictions interfamiliales seront usées pour cette navigation au radar (une famille sans contradictions c'est dur, heureusement ça n'existe qu'en apparence et les apparences ne trompent pas les enfants). Un seul oncle farfelu de passage réussit sans y penser à foutre par terre tout un édifice d'abêtissement édifié à grands efforts — disons que l'oncle a dû mettre en résonance des gènes qui ne demandaient qu'à sauter dans l'action, car du potentiel c'est toujours prêt à sauter. L'oncle peut être une rencontre de ·acances, d'autres enfants, le ciné, une chanson, la rue, les événements socio-politiques. Les enfants sont sensibles aux événements socio-politiques, et très tôt ils les reçoivent à leur façon, qui n'est pas forcément stupide, comparée à celle des adultes. Réduire leur univers, comme le font en particulier les freudiens, à papa-maman, c'est les voir — et tâcher de les faire voir — comme des sortes d'appendices sans yeux ni oreilles ni intelligence; c'est une vision oppressive. « L'oncle » donc peut être partout et n'importe quoi, tout fait ventre. On n'a pas encore trouvé le moyen de l'éviter à coup sûr et c'est notre veine.

La famille est la courroie de transmission de l'idéologie dominante, mais qu'il passe un papillon tout est à refaire.

Cependant il ne faudrait pas se laisser aller à l'optimisme. Ça marche en gros puisque ça continue — après tout le professeur Schreber a eu une grosse influence sur les parents qui ont élevé la génération des futurs nazis. Et depuis ce temps-là

4

les méthodes sont devenues beaucoup plus savantes, on n'a même plus besoin de ceintures.

En vérité il faut être à la fois très pessimiste et très optimiste sur l'issue du combat contre un adversaire ligoté. Comme dit à peu près Glucksmann à propos des camps de concentration [3] — et la référence n'est pas si abusive qu'il paraît — la résistance est quasiment impossible mais un grain de sable fait des miracles. Ça veut dire que toute perche est bonne à tendre.

La période de compromis

Vers à peu près 6 ans, on commence à entrevoir où on est tombé, ouillouillouille. Ce qu'il en coûte de renâcler. Et ce qu'on peut gagner à être dans le coup. On sait calculer. Bref on devient raisonnable — au sens où le questionneur dit au questionné qui commence à parler : Je vois que tu deviens raisonnable. Pour survivre, pour éviter les ennuis, pour trouver grâce, pour être aimé c'est-à-dire être sauf, il faut composer avec ce truc bizarre. Le fera-t-il? C'est, jusque à environ 10, 12 ans, un temps d'options, souvent de déchirements. L'issue de ce combat intérieur dépend de mille facteurs, dont ce qu'on a réussi à sauvegarder d'énergie vive, la nature et la force des pressions, et de ce qu'on a d'amour pour ses parents.

Cette période est nommée, par l'armée psy de récupération, « période de latence ». Là, la sexualité est supposée refluer, et la mémoire censurer.

Encore une fois la sexualité porte le chapeau : elle sert de rideau de fumée à la causalité sociale. S'ils avaient jamais été des enfants ces experts ils

3. *La Cuisinière et le mangeur d'hommes,* Seuil, 1975.

sauraient que le plus dur à supporter c'est le souvenir des bassesses qu'on a dû commettre. Des humiliations avalées en silence. C'est ce qui ressort des analyses sans grille préalable œdipienne. Ça n'est pas des souvenirs brillants, on préfère les oublier, on n'aime pas repenser à ces choses peu glorieuses. Surtout des chevaliers nobles et fiers, et tous les enfants sont des chevaliers, filles comme garçons tant qu'elles n'ont pas cané. Les trucs sexuels! si ce n'était que ça! Et pourquoi on continuerait obstinément à refouler le sexe, quand voilà plus d'un demi-siècle que la sexualité enfantine est reconnue? On n'a pas vécu un temps où elle ne l'était pas. Le manque de logique des grandes personnes fera toujours marrer — mais non, elles ont leur logique : « C'est mon intérêt donc c'est vrai », voilà leur postulat cartésien. Les souvenirs des jeux sexuels mêmes réprimés, aujourd'hui c'est plutôt joyeux et honorable.   ·

Mais les dégonflages, ça, ce n'est pas tolérable, ça on a honte, ça on refoule.

Période de latence! Période de redditions, de transactions, de compromis. Que ce soit par force majeure n'y change rien : ce n'est pas ressenti comme tel, on se croit libre. Et à la culpabilisation forcenée accomplie par les instances morales il faut que s'ajoute un goût de trahison. A quelque chose de précieux, et de vrai. On s'est rendu. Les adultes ignorent ce qui se passe dans ces têtes et âmes de chevaliers en quête de Graals.

Durant la période de compromis, les enfants, déchirés, interrogés par les adultes, ne disent rien de vrai sur eux-mêmes. Ils ont peur. Ils essayent de paraître, voire d'être, ce qu'on attend qu'ils soient : pour des raisons de sécurité, conscientes ou non.

Qui ne s'est inventé dans ses rédactions des parents plus que les siens semblables à ceux de ses petits camarades? lesquels de leur côté faisaient de même. C'est comme ça que les experts obtiennent de ces belles images unanimes, peintes par les enfants eux-mêmes, qui sont des tissus de mensonges. Ils feront comme si c'était vrai, pour inciter les autres à suivre les rails.

On ne mesure pas à quel point les enfants ont peur — eux-mêmes ne le mesurent pas, ayant appris à nommer leur peur « culpabilité ». La pression des adultes est décisive. Mais les adultes ne vont pas reconnaître un fait qui les accuse si lourdement : qu'ils font peur aux enfants! Ils veulent croire que les enfants sont heureux comme ça, dans leurs mains, on est aimés que diable! Seulement, que leur soit présentée l'hypothèse, même au niveau de la fiction, d'une levée subite de leur contrôle, c'est l'horreur. La panique. Les grandes personnes savent bien au fond qu'elles tiennent les enfants par force.

Le voudraient-ils, les petits latents ne peuvent pas être véridiques : ils sont dans la confusion, ne savent plus très bien qui ils sont. Il y a ceux qui feignent, ceux qui essayent, ceux qui croient qu'ils y croient... en fait il n'y a personne. L'adulte ne saisit que des spectres d'enfants.

Ce qui sortira de la période des choix secrets, vers 10 à 12 ans, est imprévisible. Le pronostic le plus sombre : ceux qui ont fait confiance aux adultes. L'amour est l'arme absolue de la guerre psychologique.

Dépendance légale

« Les personnes privées de droits juridiques sont les mineurs, les femmes mariées[1], les criminels et les débiles mentaux. » Code civil, art. 1124.

On ne saurait être plus clair. L'oppresseur, lui, au moins, sait ce que c'est que des classes. Il les produit, et se bat contre.

Et quelle coïncidence : voici que ces quatre classes-là (absentes du schéma marxiste, qui à retardement tente de se les annexer) sont entrées en lutte quasiment en même temps. Les femmes les enfants les détenus et les fous : ce cortège remarquable éclairera-t-il enfin sur la diversité, convergence, et horizontalité des luttes[2]? Il serait plutôt temps que les opprimés se reconnaissent entre eux.

Le statut de mineur

Les enfants sont privés de droits juridiques, et civiques. Ils ne sont pas des personnes civiles, ni morales. Ils ne sont pas des citoyens.

Leur domicile est fixé : celui de leurs parents ou

1. Parvenues au stade des amendements.

2. « Une stratégie relationnelle et non pyramidale », Jeannette Colombel, *les Murs de l'école*, 10/18, 1975.

tuteurs. Ils ne sont pas censés se déplacer seuls sans autorisation : ils partagent cet interdit de mobilité avec les anciens esclaves, les Soviétiques, les populations occupées. Cette liberté de se déplacer est un des droits fondamentaux qui définissent une démocratie. Un mineur éloigné sans permis de son domicile légal s'appelle un « fugueur » (quelques tolérances à partir de 16 ans).

L'accès de certains lieux publics, leur est refusé. Leur présence dans certains autres est obligatoire (école).

Ils n'ont pas le droit de gagner leur vie (même en travaillant, jusqu'à 16 ans, voire 18), ni de disposer de revenus. Rien ne leur appartient en propre.

Ils ne s'appartiennent pas à eux-mêmes : ils sont à leurs parents, à qui on en réfère pour ce qui les concerne, et qui sont responsables de leurs méfaits. A part vie et mort et sévices constatables, les parents ont tous droits : taper sans marques, retenir dans le champ de surveillance, y faire ramener en cas d'évasion, faire enfermer dans des établissements répressifs; faire interner la fille, enceinte, dans un « foyer » spécial; faire traiter, chirurgie incluse, pour faits de résistance qualifiés de caractériels, psychotiques, ou « déviants ».

Un enfant qui n'a pas de parents est placé sous l'autorité d'un tuteur, désigné par des instances légales, et non choisi par lui. Un enfant n'est pas censé vivre seul avant 18 ans (tolérances à 16), même avec l'accord de ses parents, absents : une personne responsable doit être désignée pour les relations avec l'école et autres éventuelles instances.

Les enfants doivent aller à l'école, durant une partie de leur vie fixée par la loi. Ils y sont sous l'autorité des maîtres et surveillants.

Un mineur peut être affranchi (émancipé) par ses

parents, sans son avis (cas d'une fille de 15 ans qui s'est trouvée ainsi faillie à la place de son père). Mais ils ne peuvent s'affranchir eux-mêmes.

Sauf le droit de tirer à vue, et le fait que le travail forcé (scolaire) ne dure que six heures par jour et ne s'accompagne pas de brutalités physiques[3], le statut légal de l'enfant est celui qu'avaient les esclaves quand il y avait des esclaves

Non-personnes civiles

Les enfants sont « irresponsables » mais peuvent néanmoins être jugés, pour délits de droit « commun », et en plus pour des délits propres à eux, qui n'en seraient pas si commis par des adultes (activités sexuelles « précoces », actes de rébellion, cela variant selon les pays). Aux fins de leur « protection » ils relèvent de tribunaux à part, de juges spéciaux, et, en fonction du degré de paternalisme et non de textes précis, ils peuvent se voir condamnés pour de longues années (jusqu'à la majorité) à détention dans des établissements conçus pour les sauver et rééduquer. (Voir le célèbre cas Gault, en Arizona ; un garçon de 15 ans fut condamné à rester dans une institution de « réforme » jusqu'à 21 ans à l'époque, pour avoir donné un coup de téléphone obscène (peine maximum pour un adulte en tel cas : deux mois). La Cour Suprême s'est tout de même émue, les parents ayant pris le parti de leur fils, sinon il y passait.) Il n'y a donc ni égalité de délits, ni égalité de peines, ce qui, même s'il arrive que le mineur en

3. Pardon, rectification : un arrêté de la Cour Suprême (oct. 75) vient de rétablir sur le territoire des États-Unis l'autorisation, après une sommation, des châtiments corporels à l'école. Comme quoi ça ne s'arrange pas.

soit avantagé, n'est pas de la justice. Les mineurs ayant affaire aux tribunaux portent le nom spécial de délinquants. Par faveur spéciale, leur nom ne doit pas paraître dans la presse, ce qui a l'avantage de sauvegarder l'honneur de leur famille.

En Grande-Bretagne, un enfant de plus de 10 ans convaincu de crime répond devant la cour d'assises ordinaire ; ce que les uns jugent cruel, et d'autres plus respectueux de la personne. En France c'est 16 ans. Un peu partout, l'âge de la majorité judiciaire varie avec la nature du délit.

Les enfants sont relevants de la Justice comme accusés. Mais ils ne peuvent être directement plaignants. Ils ne sont pas « partie ».

Les délits et crimes commis contre les enfants sont définis par les adultes, non par les enfants qui les ont subis. Ainsi, avec meurtre et sévices, on trouve : « attentat ou offense à la pudeur » — non *sa* pudeur, mais l'idée que les adultes ont de la pudeur, et « détournement de mineur », *le mineur fût-il consentant*. En cas de relation d'amour ou de plaisir réciproques entre un adulte et un mineur, l'adulte, considéré instigateur (les enfants sont « irresponsables ») risque de lourdes peines, l'enfant peut être envoyé dans une institution, subir des châtiments familiaux (bien qu'il soit irresponsable, il, et elle, est tout de même coupable). Sommet : deux mineurs se « détournant » l'un l'autre sont en faute.

L'avis des enfants sur le principe même du « tort » qu'ils souffriraient n'est ni requis ni reçu. Quant aux dommages dont *eux* pourraient se plaindre, ils ne figurent pas dans les textes. Tels : abus de pouvoir, abus de confiance, chantage, cruauté mentale ; privation de liberté, mutilations invisibles, corporelles et mentales, refus d'assistance, exploitation. Et détournement de mineur, justement, lorsqu'eux-mêmes s'estimeraient détournés, par l'endoctrinement scolaire ou des media, l'orientation professionnelle contraire aux désirs Et incitation à la débauche, donc! puisque toute la société bourgeoise : compétition, écrasement du faible, violence, profit comme religion, incontinence consommatrice, agressivité, moi d'abord, hypocrisie payante, exploitation, séduction intéressée, combine, on en oublie, toute la société bourgeoise n'est qu'une vaste incitation à la débauche. Mais pas gaie.

Les mineurs ne peuvent être plaignants qu'au travers d'un adulte. Mais le risque est gros, les garanties individuelles étant absentes ou incertaines, et de toute façon aucune réparation n'est prévue pour l'enfant lui-même. En fait ce sont les parents qui attaquent, pour un dommage qu'ils estiment causé à leur enfant : c'est un dommage causé à eux, en bonne doctrine juridique. Qu'un enfant, ou une, se plaigne d'une agression, par exemple sexuelle (si elle n'a pas trop honte pour en parler), elle s'expose à entendre : « Si tu nous écoutais des choses comme ça ne t'arriveraient pas », « C'est bien ta faute tu n'avais qu'à ne pas être là » — le tort sur la victime. Voire, puisque depuis Ève les hommes sont innocents et les femmes perverses, « Tu l'as cherché ». Pas de droits, la protection, mais attention, dans nos codes, la mère ne se portera pas forcément au secours de sa fille en cas d'entreprises paternelles. Et ne pas croire que ce type de situations ne se rencontre que chez les pauvres : la prude petite bourgeoisie n'est pas en dernière position.

Dans l'éventualité de plainte contre un membre de la famille, le parent maltraitant ou attentatoire se débattra comme un diable pour ne pas être dans le bain, et accablera son accusateur/trice. Gare à ses os s'il/elle ne peut prouver ses dires, par autres adultes interposés, voisins ou assistante sociale.

Et s'il peut prouver?

Ça risque d'être pire. L'Assistance, peut-être?

Merci bien. Autant la boucler.

Incapacité civique

Ce point, dans les présentes circonstances, prend une importance capitale.

Les enfants n'ont aucune part à la vie politique et sociale, même sous la forme dérisoire d'un bulletin de vote. Les décisions sont prises complètement en dehors d'eux.

Or, les dirigeants de l'Entreprise, en la personne physique des hommes d'État, des directeurs et technocrates des sociétés multinationales, nationales, ou nationalisées comme E.D.F. en France, en sont à décider de réalisations et de projets *à très long terme* — qui donc ne concernent *que* les actuels enfants, puisque les hommes qui aujourd'hui décident seront en train de nourrir les vers quand leurs arbres porteront des fruits.

Quelques fruits : épuisement des ressources, empoisonnement de l'eau et de l'air, mort des lacs, océans, forêts, disparition d'espèces merveilleuses sur terre, au ciel et dans les eaux. La récolte comprend divers poisons lents ou mutagènes : stockage en containers fuyants de déchets radio-actifs, accumulation de métaux lourds, etc., enfin centrales nucléaires (l'uranium qui enrichit) qui sont autant de bombes à retardement. Jolis cadeaux à faire à un enfant. Il faudra les avaler. puisqu'on n'a pas la parole.

Pas qu'on ait l'illusion que les adultes ordinaires l'aient vraiment. Mais ils ont au moins le droit. Le droit de vote c'est une fumisterie, mais c'est un principe de droit. Et ce pas grand-chose on ne l'a même pas. On va donc l'inscrire dans la charte des droits civiques, pour le principe.

Une Association pour les droits civiques des enfants aux U.S.A., en France Gérard Mendel, René Dumont, entre autres, demandent le droit de vote à 12 ans.

C'est tard. 7 ans.

Pourquoi 7, c'est mystique? Droit de vote à qui sait lire et écrire.

Et moi et moi et moi!

Ok Jero, en effet qui doit décider sinon l'intéressé? Droit de vote sur demande. L'information se passera par osmose, ça marche très bien.

C'est une demande très modeste.

Anticonstitutionnellement vôtre

Les enfants sont exclus du minimum de garanties démocratiques, qui n'est pas grand-chose, mais c'est pire sans.

Il n'est pas vrai que, ainsi qu'il est inscrit dans la fameuse Déclaration des Droits de l'Homme à propos de laquelle en classe on tente d'éveiller notre enthousiasme, « Tous les hommes naissent et demeurent libres et égaux en droits ». Entre autres violations (les femmes), le mot « naissent » n'est pas appliqué. Le statut de mineur est anticonstitutionnel.

Charte des droits civiques : application du mot « naissent ».

Amendement : majorité sur demande. Personne n'est tenu à devenir majeur s'il n'a pas envie. Souvenez-vous, quand l'âge de la majorité est tombé subitement de 21 à 18, en France, comme certains ont été embêtés. Seul l'intéressé sait s'il est majeur.

Bien qu'il n'en ait pas toujours été ainsi (avant l'époque bourgeoise les enfants avaient plus de liberté de mouvements, moins de protection, et plus de droits, inclus celui d'être à 7 ans condamné à mort et décapité), bien qu'il n'en ait pas toujours été ainsi, cette privation de droits n'étonne personne : c'est — on vous le donne en mille — « naturel » !

Mais voyons, des enfants ! — mais encore ? — C'est petit — Jusqu'à 18 ans ? (hier 21 et ça n'étonnait personne) — Mettons 16, d'ailleurs on y vient — Pourquoi pas 13 ? Pourquoi pas 10, pourquoi pas... ?

Mais ils ne peuvent pas !

Un peu de logique : s'ils ne peuvent pas, pourquoi leur interdire ? Est-ce qu'on défend aux paralytiques de faire du vélo ? Et s'ils peuvent, alors pourquoi leur interdisez-vous ?

Mais, ils ne savent pas ! Ils feront des sottises !

Savent pas quoi ? Piloter un avion ? Et vous ? Ils apprendront et passeront le permis comme tout le monde, personne ne fait les choses dangereuses sans permis, à part ça insinuez-vous que les grandes personnes ne font pas de sottises ?

La démocratie n'est pas encore très bien entrée dans les esprits : quand on dit « on aura le droit de... » tout le monde entend : « on sera forcé de... » (ex. droit d'avorter = vous voulez obliger les gens à avorter), et sans remplir les conditions normales. En fait ce n'est là que la forme articulée du cri d'écorché typique de l'oppresseur : car posséder (un droit, par exemple), c'est en fait en *déposséder* quelqu'un d'autre ; donner à l'autre, c'est donc lui prendre, à lui. C'est l'expropriation de l'autre qui est fondamentale.

Mais enfin vous voyez un enfant de 3 ans aller voter?

Ma foi, ils marchent à cet âge. Je les vois aussi bien aller voter qu'un autocar de bonnes sœurs.

Faire des procès?

S'ils ne connaissent pas le maquis de la procédure ils feront comme vous qui l'ignorez aussi, ils prendront un avocat. — Et comment le paieront-ils? — Bien sûr si vous leur défendez de gagner leur vie, ils seront logés à la même enseigne que les clochards — mais ils ne peuvent pas, travailler! — S'ils ne peuvent pas, pourquoi leur défendez-vous? — Pour les protéger contre l'exploitation — Tiens : et pourquoi n'est-ce pas aux exploiteurs que vous défendez d'exploiter?

C'était juste pour donner une idée des perles qu'on trouve quand on plonge au fond du sujet. Cessons d'argumenter sur le fond il n'y en a qu'un : la privation d'autonomie est un décret du pouvoir, et c'est une expropriation. Comme d'habitude, elle porte des noms plus reluisants : sauver (dictionnaire du maître, sauver : sauver de la déviance), protéger. De quoi? Un enfant ne doit pas être « livré à lui-même », et voilà qui dit tout.

La protection est toujours un alibi

Le besoin de protection attribué aux faibles et aux ignorants a toujours légitimé les mesures de coercition de l'État. L'u.r.s.s. des moujiks, la France des veaux, le peuple de partout.

La protection imposée par un protecteur est un contrôle.

Il n'y aurait de protection qui mérite ce terme que celle qui serait demandée par une personne (de tout âge, sexe, etc.) en difficulté, et qui n'irait pas au-delà de cette demande.

Quand on aura besoin de protection, on vous appellera (Charte).

A charge de revanche : vous en avez peut-être besoin aussi, parfois?

A quoi les enfants ont droit

Il existe une « Déclaration des Droits de l'Enfant », issue de l'Unesco après des années de travail, et signée par tous les pays unanimes. C'est une recommandation, qui n'a pas force de loi.

Les enfants ont droit : à être nourris: à être soignés: à ne pas être maltraités; à ne pas être honteusement exploités: à être sauvés d'abord en cas de catastrophe: à ne pas être éduqués dans des idées racistes. (Noter la forme passive utilisée : ont droit à être...)

Une mention spéciale à « L'enfant a droit à une éducation gratuite et obligatoire ». Ce monstre grammatical d'un droit obligatoire aurait dû faire frissonner ses créateurs à la première lecture. Si seulement ils avaient jeté un regard sur le point de vue des enfants. Il semble qu'ils n'aient pas : la phrase est tout à fait correcte si elle est lue au seul usage des adultes, à qui reviennent l'obligation et le bénéfice de la gratuité.

Cette déclaration est certainement aimable. Trop, encore : car elle n'est appliquée nulle part, la pauvreté dans le monde n'étant pas abolie, et l'exploitation étant autorisée.

C'est une bonne déclaration des Devoirs des Adultes envers les enfants, considérés faibles, ignorants inaptes. Elle confirme le statut de protégé, et la discrimination de l'enfance. Bref c'est la Déclaration de Dépendance de l'Enfant. L'usage, impropre, du mot « droit » comme attribut de l' « enfant » (décidément, le mot droit est dur à rentrer) signale que cet Enfant est un inexistant pour les adultes, inclus les plus braves et humanistes.

Mais ce qu'il faut surtout noter, c'est que le texte a été établi par les adultes, sans qu'aucun enfant (il y en a qui savent lire et écrire, et beaucoup qui peuvent parler) ait participé à son élaboration.

A Washington DC, U.S.A., se tient une « White house conference on children », qui a produit jusqu'ici d'excellents projets pour l'amélioration du sort des enfants, considéré là-bas comme préoccupant et il l'est comme partout ailleurs, en ce qui concerne les mauvais traitements, la sous-nutrition, les injustices de classe et de race, etc. Il y a eu jusqu'ici une bonne vingtaine de forum.

Les enfants n'y étaient pas.

La question n'est pas s'ils ont envie ou non d'y être, ou s'il faut qu'ils y soient ou n'en aient rien à foutre.

Elle est qu'on n'y a pas pensé, et leur absence même a été inaperçue.

Ce seul fait légitime l'emploi, pour définir leur condition dans la société, du terme « oppression ».

Attention : réformes!

Lorsqu'une classe opprimée donne des signes d'échauffement inquiétants, et que le scandale de son oppression menace de sauter dans le domaine public, les gouvernements modernes ont appris qu'il est de bonne guerre d'octroyer quelques réformes, préventives.

Une réforme bien calculée est dissuasive pour l'opprimé, ne gêne pas le Pouvoir, et confère au pays réformateur une bonne image de marque.

Ainsi, 16 à 18 ans tend à devenir une sorte

de douce transition : on est venu à un point où
les jeunes seront moins dangereux majeurs qu'enfants.

Et en divers pays apparaissent des parcelles de
majorité avancée : aux Pays-Bas, droit d'action syn-
dicale à 15 ans; en Finlande, disposition d'un
compte bancaire à 15 ans; en Suède : pas de cen-
sure sur les livres et spectacles, à partir de 15 ans:
au Luxembourg, droit de disposer d'un salaire,
à 14 ans opérations à la caisse d'épargne, à 16
droit de tester; en Belgique, disposition de la
moitié de l'héritage à 16 ans, et droit d'association
sans restriction d'âge; en Allemagne fédérale, droit
d'accepter ou non un traitement médical, et les
parents ne peuvent imposer une profession; en
Grande-Bretagne, la décision en fait de traitement
médical est à 16 ans, et le mineur est responsable de ses actes; au Danemark, majorité sexuelle
à 14 ans, et droit de participer à une organisation politique; en Autriche, libre circulation à
l'intérieur du pays! En France?... ah oui : à 13 ans,
droit de choisir entre papa et maman s'ils divorcent
(récent).

Ça s'améliore, lentement et prudemment, à pas
de loup si on ose dire, et à partir des tranches
d'âge supérieures — à mesure que les méthodes
de conditionnement sont plus fines et mises en
place plus tôt

et tandis que, avec l'aide de la science ou
pseudo-science et à la faveur du statut de mineur,
le contrôle de l'État sur les enfants se renforce et
devient plus précoce. Ainsi « Ils » reprennent d'une
main plus qu'ils ne donnent de l'autre.

Charte des droits civiques : majorité sur demande
Décidément.

Les corps constitués

La grande expropriation

Les grosses machines d'État fonctionnent avec l'argent du public.

Mais, dès qu'elles sont en place les gens oublient qu'elles leur appartiennent et se laissent dominer par elles, exproprier de leur autonomie. Leur vocation est d'exproprier, non de servir.

Le Corps enseignant

L'école est un service public gratuit financé par le public, qui l'a oublié, et accepte la version officielle d'un bienfait donné au peuple pour le tirer de son ignorance et offrir à tous ses enfants une égalité de chances dans la société.

Les bienfaits de l'école ont toujours été dispensés par des maîtres et maîtresses idéalistes, doués d'une énergie peu commune. Ils en ont été récompensés par des blâmes et des mauvaises notes — car ils sont notés eux aussi, et l'État est leur maître. Les plus obstinés croyants ont dû quitter l'Enseignement public (Freinet). L'État tient *son* école d'une poigne de fer. Elle est à lui, c'est-à-dire à l'Entreprise, dont il est le fourrier.

Pour résumer la question : l'école a fidèlement évolué, ou muté, en harmonie profonde avec les besoins de l'Industrie et de ses services. En dépit de résistances internes elle est sa pépinière de matériel humain adéquat. Elle est calquée sur ses structures, et les transmet : soumission, compétition, ségrégation, hiérarchisation, et ennui mortel de l'âme.

On ne va pas faire le réveillon sur l'école, il existe une abondante littérature critique aujourd'hui — Ivan Illich ayant poussé jusqu'à la mise en question fondamentale : Une Société sans école [1]

Juste quelques points.

Expropriation de l'environnement

Les bâtiments scolaires sont destinés aux enfants. Or, les anciens manifestent une pensée carcérale. Les nouveaux ressemblent à des cages. Tous sont parmi les plus laids et tristes édifices jamais plantés. Leur dessein architectural paraît de, ayant retiré le monde divers aux enfants, ne leur donner plus rien à voir.

C'est une drôle de façon de penser aux enfants.

Expropriation du corps

Bouclé là à six ans, après l'exercice préliminaire de la Maternelle — ambiguë, compliquée, importante, de plus en plus tôt la Maternelle [2] — on

1. Seuil. Titre anglais, *Deschooling society :* déscolariser la Société.
2. *L'Enfance malgré nous*, Mercure de France 1972. En préparation : *l'Éducation des petites filles*, Temps Modernes.

tombe sur des chaises dures, et on écoute des mots pendant des heures. Est-ce par hasard que cette jeune créature croissante, cette boule d'énergie neuve, cet explorateur aventureux, est tenu immobile, pétrifié, confiné, réduit par grand soleil à la contemplation de murs, et à la rétention angoissée de la vessie voire du ventre, 6 heures par jour à temps fixe sauf récrés à minutes fixes et vacances à dates fixes, durant 7 années ou plus? Comment apprendre mieux à s'écraser? Ça rentre par les muscles, les sens, les viscères, les nerfs, les neurones. C'est une leçon totalitaire, la plus impérieuse n'étant pas celle du prof. La position assise est reconnue néfaste pour la charpente les vaisseaux les canaux, et voilà comment votre Occidental a la colonne soudée, les tubes engorgés les poumons rétrécis des hémorroïdes et la fesse plate. Ça fait un siècle qu'on les voit les enfants gratter les pieds se tortiller, sauter comme des ressorts quand L'HEURE sonne (sans parler de 20 % de scoliotiques). Ces manifestations sont mises au compte de *leur* turbulence, pas de l'immobilité insupportable qu'on leur impose : le tort sur la victime. Non ce n'est pas un hasard. C'est un dessein, si obscur qu'il soit à ceux qui l'accomplissent. Il s'agit de casser. Casser physiquement la fantastique machine à désirer et à jouir. Que nous sommes, fûmes, avons été, tous, requiem. Tu ne vivras pas, tu n'es pas venu au monde pour ça.

La machine est solide et résiste longtemps. Être enfant c'est de l'héroïsme.

Cette déclaration fera ricaner ceux qui ont oublié qu'ils ont été des enfants, qui ainsi se trahiront.

Devoir : essaye d'inventer un système meilleur pour décourager la plus formidable envie de connaître.

Il faut à un volontaire 2 mois pour apprendre à lire dans sa langue, et 6 mois pour absorber le programme complet de l'école élémentaire (Illich). Les enfants qui apprennent vite, retiennent bien, sont bourrés d'énergie et de curiosité, y mettent 7 ans. Devoir : l'école ne serait-elle pas faite pour enseigner?

Dès qu'on parle, on assomme tout le monde de questions : ne devrait-on pas se ruer dans un endroit où se donnent des réponses?

Tu rêves. L'école n'est pas un endroit où tu poses des questions mais un endroit où on t'en pose. Pour voir si tu es correctement « programmé ». On décide de ce qui entrera dans ta tête, et de ce qui n'y entrera pas.

Le programme, comme toute l'organisation du système scolaire, est établi au sommet, hors de la présence des enfants.

Il est jacobin, imposant avec une seule langue, celle du pouvoir centraliste (les cultures locales autonomes en sont mortes sans phrase dans toute l'Europe et les pays colonisés U.S.A. inclus), une seule structure de pensée et un unique mode de vie. Le mode de vie avantageux pour l'Entreprise. L'école est un des plus puissants moyens d'abolir l'infinie diversité qui est la gloire de notre espèce.

Même pour un maître encore vivant il n'est pas facile de s'écarter du Programme. Au reste ils ne sont pas tous vivants, beaucoup sont parfaitement normaux. Ils distribuent des tranches de savoir, soigneusement découpées, et ébarbées des éléments gênants : Histoire, catalogue des exploits de la classe dominante (etc.). Ce qui est ôté l'est selon une doctrine, qui vise à changer la nature des choses. Il ne faudrait pas dire Programme, mais Propagande.

Ces tranches étant données pour le gâteau entier, on n'aura pas l'idée d'aller chercher ailleurs ce qu'on ne sait pas qui manque. Sauf coups de bol.

Éloge des coups de bol

Ah, heureusement qu'ils sont là les coups de bol! Sans les coups de bol il n'arriverait rien. Chaque enfant ou ancien enfant qui frémit encore, cherchant à savoir pourquoi, trouve, immanquablement, les coups de bol. Il/elle dit : « Dans le fond, j'ai eu du pot. Sinon je crois que je ne m'en serais pas sorti. »

Les enfants sont d'extraordinaires pêcheurs, les meilleures têtes chercheuses créées à ce jour. Ayant une intuition au moins globale du sort qui les attend, ils sont, sans même y penser, à l'affût des coups de bol. Le coup de bol peut être n'importe quoi. Il n'a rien à voir avec enfance heureuse ou malheureuse. Heureusement. Il n'est pas nécessairement un événement important — au sens où l'entendent les grandes personnes qui n'y entendent rien en importance de toute façon et heureusement. Bien que, un événement important peut aussi faire l'affaire. N'importe quoi.

Au premier rang des coups de bol : l'amour. La rencontre. De quelqu'un, de quelque chose, ou bête, ou image. Et ça peut même arriver à l'école, venir même d'un/une prof. Toute connaissance est une histoire d'amour.

Quand même il fau' les voir passer, c'est-à-dire

avoir des sens, ce qui suppose un potentiel pas trop esquinté. Moins on est endormi plus on a des chances de voir passer les coups de bol, qui autrement passent pour tout le monde.

Les coups de bol, étant n'importe quoi, ne peuvent être définis, ni déterminés à l'avance. Et heureusement. Ils n'ont pas encore réussi à contrôler LE HASARD, ET C'EST NOTRE VEINE.

Guerre contre le hasard

Mais Ils essayent, d'abolir le hasard. Leur ennemi principal. Car il est la vie : il l'a inventée.

Une disposition Fontanet (France) prévoyait d'orienter les enfants dès la Maternelle : 3 ans. Ça c'est intelligent parce qu'à cet âge-là ils ne savent pas ce qu'ils veulent plus tard, y a qu'à leur dire.

En attendant, vers 13 ans dans les Conseils de classe se décide la voie d'où désormais (ère Haby en France) on ne pourra plus revenir. Une sorte de grand couteau à découper nommé abusivement « mathématiques » est l'instrument de séparation du matériau, dans le sens vertical.

Dire que cette sélection reconduit les classes sociales (sous-entendu : économiques), les « fils d'ouvriers » maniant moins bien le « langage mathématique », n'épuise pas le problème, à vrai dire l'escamote. Il s'agit en fait de définir la masse des enfants comme matériau de l'Entreprise, et de sélectionner l'élément sûr, le bûcheur qui ne fera pas d'ennuis — vu que c'est toujours les bons en Lettres qui font des ennuis (les poètes rêveurs philosophes et tout ça); et entendu que ce qui est bon en Lettres ne l'est pas en Maths, mythologie pieusement entretenue. Les « Maths » en question, qu'on dit pour cela modernes, sont utilisées pour éliminer les graines de rebelles des échelons supérieurs. Leur vrai nom est : politique. Pauvre mathématique.

Tout ce qui n'est pas « bon en maths » en bas de l'échelle, au tertiaire, ou à l'apprentissage, sous l'égide paternelle des industriels eux-mêmes (Loi Royer France). De plus en plus tôt. Après avoir été de plus en plus tard.

A vrai dire Ils ne savent pas quoi en foutre de cette sale graine, qu'ils sèment et croient reproduire et qui, échec répété, ne leur ressemble pas — grâces soient rendues au hasard génétique.

On avait garé les jeunes dans la scolarité prolongée, aux fins de briser la fantastique machine à désirer et à jouir, et au nom des Nobles Idéaux qui ne supportaient pas l'exploitation des enfants 14 heures par jour dans les émanations malsaines (qui les exploitait on se demande, et qui émanait, chut), et voilà la sacrée machine qui oppose une résistance, les collèges techniques deviennent des foyers d'incendie, alors hop, centres d'apprentissage, à l'ombre des usines comme au bon vieux temps des écoles de fabriques, tout d'un coup y a plus d'exploitation ni d'émanations (c'est mon intérêt donc c'est sain). Et si les petits apprentis se rebiffent qu'est-ce qu'Ils feront, Ils leur mettront du sel sur la queue? du alium dans le potage?

Ils ont beau essayer, au sommet, de rationaliser l'Enseignement, par ce qu'Ils appellent « des réformes », qui sont des compartimentages de plus en plus étanches, le rendement n'est pas ce qu'il devrait. Et plus les crédits augmentent plus le déchet s'accroît. Admirable gestion. Pour du déchet il y a du déchet dans l'école publique. Et les parents qui veulent que leurs petits les continuent préfèrent les mettre dans des collèges privés, non gratuits, où on bûche : ceux qui accèdent aux « grandes écoles » proviendront bientôt du privé — voilà résolu le problème de la continuité des élites dorées. L'école publique produira les manœuvres, évacuera les déchets, et les écoles payantes formeront les cadres héréditaires.

Sur l'autre flanc, on cherche une alternative, des écoles parallèles se créent, pas gratuites non plus, et pas bien nombreuses encore vu les difficultés (mais, s'agissant d'enfants, même une action limitée peut être capitale). Pauvre école publique. Elle croule sous la littérature critique, le maquillage du bienfaiteur du peuple commence à couler sous de vigoureux coups d'éponge, le vrai visage apparaît, auquel l'armée apostolique des maîtres idéalistes donna longtemps grâce et séduction. Les maîtres idéalistes sont coincés, épuisés, déprimés, suicidés, licenciés, et même certains osent se mettre à parler. Le visage qui se dessine est celui du grand Contrôleur de l'Entreprise, en train de devenir un robot.

(Devoir, en passant : qu'est-ce que le robot va faire des déchets qu'il produit ? Le Goulag sera-t-il le système régulateur de la machine qui fonctionne pour elle seule ?)

Pendant ce temps-là les enfants, les enfants dont on dispose et que personne ne consulte, eux les enfants, de l'école ils s'en fichent de plus en plus, tranquillement s'en détachent.

Nul comme l'opprimé pour inventer ses stratégies.

Un désintérêt croissant, une désertion insidieuse, minent les temples de l'ennui pré-industriel. Au bout du chemin buissonnier tremble une vision floue de temples vides où ne résonne plus le long des corridors que le pas d'un surgé nostalgique et désaffecté.

Tu rêves. Ils ont d'autres moyens.

120

Corps orienteur, ou la science domestique

Ils ont la science. La science est l'arme n° 1 contre le hasard. L'organisation précoce de l'exploitation se fait aujourd'hui scientifiquement. C'est-à-dire en utilisant des chiffres. La science psycho-technique chiffre la valeur du petit, sur le marché du travail. Son avenir n'est pas orienté par ses désirs.

Mais c'est mon avenir à moi!

Tu rêves. C'est ton avenir à Eux. Tu es la matière première fraîche, et malléable puisque toute résistance est interdite par la loi adulte. Tu n'es pas ce que tu veux, tu es mesuré du dehors, ce n'est pas ce que tu *veux* qui importe, c'est ce que tu *vaux*.

Ce que tu vaux se compte en chiffres, de 0 (mort) à 200 (génie, ou sous acide), sous l'appellation pontifiante, qui fleure bon son début de siècle en plein délire scientiste, de « Quotient intellectuel ». Dit QI.

Ce que le QI ne mesure pas

Le Quotient intellectuel ne mesure pas l'intelligence, vu que personne ne sait ce que c'est et qu'on ne mesure pas ce qu'on ne peut définir.

Et on ne mesure pas un phénomène multi-dimensionnel, changeant, constamment en train de se faire, ou défaire (le fonctionnement du cerveau), avec une échelle [3], n'ayant qu'un haut et un bas.

Et on ne peut pas mesurer une chose qu'on modifie par sa propre présence. Ça c'est la Loi

3. G. et S. Netchine : « Hérédité-Milieu », les termes du débat. In *Raison présente* n° 29.

d'Indétermination, qui porte aussi le joli nom de Relation d'Incertitude, posée par Heisenberg il y a longtemps déjà mais elle a du mal à rentrer car elle gêne beaucoup de monde. Cette loi dit : l'observateur modifie l'observé. Elle dérange déjà pas mal les physiciens. Mais pour lesdites Sciences Humaines elle est une vraie catastrophe, elle leur retire carrément de sous les pieds le tapis épistémologique, c'est-à-dire qu'elle limite à quasi-zéro leur droit de connaître et d'affirmer. Car, l'observé étant humain, il est tellement modifié par son observateur que l'observation est sans valeur scientifique. Alors quand l'observateur a pouvoir sur l'observé ! Par exemple quand l'avenir entier de l'enfant testé dépend du testeur ! C'est drôle qu'on évite généralement de soulever ce petit point. Et quand cet observateur a ses idées à priori (ce qui est quasi toujours le cas). Bref. Personne ne se fait plus d'illusion sur la valeur scientifique du QI — à tel point que ceux qui s'en servent prennent la précaution de dire, avant, qu'il n'est « pas encore » au point. Après quoi ils s'en servent.

Car il est une belle valeur idéologique.

Valeur idéologique

Le QI donne implicitement l'intelligence comme une chose connue, innée, fixée. Autrement dit reste à ta place, on naît idiot ou génial pour la vie. C'est faux : « L'idée que chacun dispose d'un cerveau attribué à la naissance comme une " donnée " définitive est contraire à toute réalité. » C'est un professeur de génétique qui le dit [4].

C'est faux mais ça fait peur

4. Albert Jacquard, *in Science et Société*

Le QI est un chiffre, et les gens restent coi devant les chiffres. Les chiffres sont une forme d'oppression dans ce monde moderne. C'est faux mais ça fait taire.

On ne communique pas son score à l'enfant testé. Pourquoi? Parce que. Ça ne te regarde pas. Mais il voit bien dans quelle case on le met ensuite. Si c'est une du bas c'est foutu : né bête. Et tu ne peux même pas râler que c'est pas juste : c'est la « nature ». Le QI c'est le couperet.

Ce que le QI mesure

Compte généralement non tenu mais important de deux facteurs qui affectent largement le résultat, 1, le rapport de l'enfant testé au pouvoir, son anxiété par exemple; 2, la subjectivité du testeur, ses options idéologiques (nombre des promoteurs du QI, Jensen, Schockley, Herrnstein, etc. sont ultra-racistes).

Compte non tenu, « On ne mesure en fait que la conformité entre le comportement intellectuel d'un individu et la norme imposée par la société qui a inventé le QI » (Albert Jacquard).

Le QI indique le type d'utilisation possible par l'Entreprise d'une matière grise donnée. Son appellation honnête serait : Quotient d'utilisation. QU, pas QI.

La culture intensive de matière grise extra

Le QU a permis d'établir qu'il existait des enfants intelligents. Certains même font éclater le QU — d'où on a conclu, non que le QU était inadéquat (ou que l'Entreprise était inadéquate à l'être humain), mais que ces enfants-là étaient des exceptions, génétiques bien sûr. Ce sont des sur-doués. Ils sont dans les 3 %.

On dit, ici, que ce sont des rescapés. Nous sommes tous surdoués potentiels, mais peu en réchappent : 3 %. Ceux qui, par une heureuse série de coups de bol, ont été moins esquintés que les autres, ou moins tôt. Par exemple, ceux nés en milieu intellectuel ont reçu davantage d'incitations éveillantes pour la pensée dès le début de la vie. Justement c'est parmi les enfants d'intellectuels qu'on détecte le plus de « surdoués ». Bien que pas seulement là (à cause des coups de bol).

Mais Eux : c'est bien la preuve que l'intelligence, c'est héréditaire.

Bref, soudain, au cœur de la « crise de l'éner-gie », le monde industrialisé s'aperçoit que l'intel-ligence, c'en est une. Les enfants intelligents « sont une ressource naturelle inexploitée, dont l'impor-tance peut être plus grande que la bombe ato-mique ! », s'écrie avec enthousiasme un charmant sénateur US, et en France un spécialiste des fourmis (est-ce par hasard ?) déclare : « Nous gaspillons nos ressources en matière grise ! » et devient célèbre. « Sélectionner les surdoués et les entraîner spécia-lement, c'est développer la capacité intellectuelle d'un pays comme on développait jadis sa capacité à produire du charbon ou à transporter les matières premières », lui dit un journaliste — Très exacte-ment, répond le savant [5], et le journaliste com-mente : « On prend conscience que la matière grise est la matière première la plus importante pour les pays modernes, pour leur développement et le contrôle de ce développement... Il faut, là aussi, mettre fin au gaspillage. » On s'exprime en

5. R. Chauvin, interviewé par J. Mousseau, in *Psychologie*, nov. 75.

124

termes d'économie voyez-vous, pas d'équivoque, et c'est eux-mêmes qui le disent que les enfants sont de la matière première. Réunis à Londres en septembre 1975 les représentants de 55 pays (dont ceux de l'Est, en contradiction avec leurs thèses historiques du développement de l'individu), mettent rapidement sur pied un « Conseil International des enfants surdoués » — est-ce la peine de dire qu'il n'y avait pas d'enfants, là? non : est-ce qu'on invite le charbon aux réunions d'ingénieurs des mines? Le sinistre français Haby pigeant enfin envoie fissa un délégué à la séance de clôture. Tout le monde est sur le coup, c'est la fièvre de l'or : ils ont découvert un gisement. On escompte de l'affaire certains profits, entre autres des économies sur les budgets de l'éducation : plus besoin de pousser l'instruction de tout le monde pour un rendement aléatoire, il suffit « d'entraîner » les 3 % surdoués.

Le précieux minerai sera placé dans des écoles spéciales, et y recevra un enseignement spécial, de maîtres surdoués sinon où irait l'autorité — formés par qui ces maîtres on ne sait pas.

Bien sûr, c'est pour leur bien à ces petits, il s'agit de les aider (voir dictionnaire du maître : aide à = exploitation de) : car leur intelligence se dégrade parmi le vulgaire.

Est-ce utile de préciser qu'on ne consultera pas les matières grises concernées avant de les séparer de leurs copains, et de les vouer au destin prodigieux de P.-D.G. et autres merveilles? Notons que, pour des raisons personnelles diverses, amoureuses, familiales, hormonales, on peut être fortiche ou de bonne humeur une année et minable la suivante : plus dure sera ta chute, et les copains qu'est-ce qu'ils seront contents de te revoir parmi eux après ta courte gloire! Tu auras beau dire qu'on ne t'a pas demandé ton avis. Les surdoués sont appelés des « cas sociaux » — ce qui, avec le fait qu'ils sont des objets, est leur point commun avec les « débiles » — mais ça n'en fait pas pour autant des cas humains, capable de sentir quelque chose.

Il ne semble pas qu'on consultera les parents non plus : en Californie, la cadette d'une famille a été placée dans une école de surdoués (il y en a déjà là-bas, la Californie c'est l'épicentre des recherches de psychologie appliquée), en dépit de l'opposition des parents, qui craignaient les conséquences pour leur aînée, non surdouée.

Car il y a des filles, surdouées. Autant que de garçons. Et des enfants d'ouvriers, surdoués, et des nègres surdoués. La proportion est sans doute moindre, pour ces raisons historiques de classes qu'on nomme hérédité, mais il y en a. Qu'en feront-Ils?

Ils les prendront aussi. Ils ne feront pas les délicats. Ils les mettront dans les serres avec les fleurs rares de bonne origine. Et même en vitrine, pour montrer comme Ils sont démocratiques. Ils disent : votre société actuelle est parfaitement élitique, alors ce sera la même chose, mais rationnel. « Rationnel » est Le Mot.

Car le projet « surdoués » ne vise pas la simple reconduction des classes telles qu'elles sont — entre nous du reste, l'actuelle classe dominante est bête, et fait plein de bourdes, dont ces canailles d'opprimés tirent parti.

Il s'agit en fait de l'appropriation et de la distribution rationnelle de l'ensemble des enfants, à la faveur du statut d'impuissance qui définit cette classe — l'appartenance d'un enfant à une classe économique, comme à une classe sexuelle, ou culturelle (dite raciale) ne faisant qu'affecter sa condition d'enfant d'un certain coefficient. Il s'agit de trafic d'enfants, aux fins de rationalisation précoce de l'exploitation. Ce que cette affaire de surdoués recouvre, c'est la tentative de mettre en place une société de classes à domination technocratique, complètement verrouillée. *De nouveau*, il y a mutation au sommet : de l'élite d'Argent, à l'élite de Savoir. Ainsi chacun à sa place et n'en pouvant bouger, viendra l'avènement de la paix sociale, tant attendu.

Sans doute, la bourgeoisie ancienne manière (nantie bête) se défend, utilise sa position privi légiée pour essayer de passer tout entière dans la nouvelle élite en la personne de ses petits (déjà, certains parents leur payent des QU révisés dans des officines privées; mais c'est la frange la mieux informée). Cependant elle aura des pertes. Nous sommes entrés dans cette mutation, où l'U.R.S.S. a un peu d'avance.

Portrait-robot de la Nouvelle Société rationnelle

En haut, impollués, sortant des serres de culture intensive, des P.-D.G. enfin intelligents, des patrons sachant enfin se débrouiller un peu mieux avec les accidents du travail (ce qui se passe à La Hague, industrie de pointe [déchets radioactifs], donne déjà une petite image : les travailleurs temporaires, mal informés et irradiés, vont mourir plus loin plus tard d'autre chose); des chefs d'État qui ne feront plus de bourdes voyantes, des cadres sans dépressions nerveuses, des hauts techno-scientifiques sans problèmes moraux à propos d'application plus ou moins militaires de leurs Recherches Pures. Et des inventeurs à la chaîne : car sans eux, pas d'expansion, s'est-on avisé. Ça piétine. Et Ils ont découvert la mine de cette matière grise-là aussi : les créatifs.

« Qu'est-ce qu'un créatif? » demande le spécialiste des fourmis, et se répond : « C'est l'inventeur dont on a énormément besoin. » Il ne dit
pas qui « on » mais on a un soupçon.

Le Congrès de Londres déclarait se préoccuper
des enfants « dotés d'une intelligence *ou d'une
créativité* exceptionnelle » (on a souligné).

Ce super minerai est détecté à l'aide d'un QU
spécial, les créatifs n'étant pas forcément des cracks
du QU d'intelligence, ni de bons élèves car à
l'école ils s'ennuient, et nombre des « grands
hommes » furent des cancres en classe, s'est-on
aperçu. Les créatifs donnent aux questions du test
des réponses marrantes, ou déconcertantes, ils se
payent la poire du testeur. La prospection n'est
pas facile mais enfin on essaye.

Ainsi se proposent-Ils d'avorter les Rimbaud,
et de détourner leurs énergies fines et violentes à
leur profit : les Rimbaud créeront des Saisons en
Enfer pour l'ennemi, les Charlie Chaplin seront
organisateurs du travail, et les Mozart ne seront
plus assassinés (assez de gâchis). Ils inventeront la
musique qui donne envie de travailler à la chaîne.

Voilà pour le haut de l'échelle sociale. Au
milieu (QU autour de 100) vous pouvez observer
la masse docile, car brisée avec succès. Et qui
docile désormais restera, car non contaminée par
des meneurs, car privée des échanges illuminants
avec ce qui diffère, et éveille. (C'est le mixage
qui est le meilleur facteur de développement.)

En bas : « il n'y a plus de cancres! » proclament
les zélés serviteurs de l'Autorité. Exact : il y a des
« débiles ». Absous de leur paresse par un diagnostic chiffré, ils ont glissé dans l'ombre des sec-
tions spéciales aux noms charmeurs (pour ne pas
choquer les malheureux parents), et variables comme
le vent (les parents pigent vite), de perfectionnement

à rattrapage à transition à faible a accueil, vraiment charmant celui-là (on suggère : Limbes), et on ne les voit plus, ils ne sont plus mélangés avec les serviettes, ils ne troubleront plus les classes studieuses, ils ne troubleront plus Adieu. Ils ont même, ne sont-ils pas gâtés, des psychothérapies spéciales pour leur faire accepter leur débilité. Ils sont très demandés par les patrons, à cause de leur tendance aux gestes répétitifs, et ils ne font jamais d'histoires jamais, ayant été persuadés que la société leur fait une faveur en leur laissant une petite place — Heureux les pauvres en esprits. Pour les débiles encore plus profond il y a aussi des ateliers, encore plus sous-payés forcément.

Quant au reste, ce qui ne s'inscrit nulle part, refus de réponse au QU, feignants, anxieux rêveurs âmes sensibles paumés, génies hors-programme, cultures différentes, ils ne sont pas prévus dans le plan. Ils pourront se mettre loubards prostituées ou hippies, choir dans la marginalité s'il y a de la place pour, quelque part.

En ce qui concerne les têtes de lard véritables, irréductibles et crachant dans toutes les espèces de soupes, haldol, et pour les cas graves de violence et rage, psycho-chirurgie — la science médicale viendra à la rescousse, voir plus bas.

Ainsi va leur grand rêve de Meilleur des Mondes, planifié et sans bavures, où plus rien ne bouge dans un cercle parfait de production/consommation (avec au milieu un petit circuit spécial : profit). L'entropie et la paix sociale.

Mais

Sauf que le QU est bidon à la base, les testeurs pas tous surdoués, l'intelligence inchiffrable,

5

et la pensée des enfants indéchiffrable — car, à moins de confiance ou d'assurance remarquables, ils ne la livrent pas tout entière.

Alors, faute de pouvoir se fier aux tests, ainsi qu'aux profs (qui ne savent pas reconnaître les surdoués dans leurs classes paraît-il), et faute de pouvoir encore sonder l'intelligence directement en son siège à l'aide d'électrodes plantées dans les lobes (noyaux amygdaliens) et reliées à une petite radio (la machine existe c'est pourquoi on la décrit, elle est due à un docteur Delgado, que son nom soit retenu ainsi que celui des docteurs Mark et Ervin qui s'en servent, mais elle ne détecte que la colère du cobaye jusqu'ici) — pour toutes ces raisons la prospection des surdoués en est encore réduite aux moyens artisanaux et incertains, tels questions aux parents. Et les parents savent-ils ce que leur gosse a dans la tête? Tes parents savent-ils ce que tu as dans la tête? Qui sait ce qu'un enfant a dans la tête?

Cette science n'est pas encore bien précise, et le diable sait ce qui entrera dans les serres de culture intensive de matière grise.

Quant à ce qui s'y passera, alors là c'est imprévisible. Tous ces génies ensemble, qu'est-ce que ça peut bien donner. Surtout que créatif = résistant. Forcément : on l'a vu, tout le monde naît potentiellement riche en esprit, créativité incluse bien sûr, (nous sommes tous des surdoués de naissance, sauf accident physique), et ce qui demeure riche, c'est ce qui par chance et hasard a le mieux résisté. Ils risquent de donner plus de fil à retordre que prévu ces génies, peut-être y a-t-il encore des beaux jours pour désordre et hasard.

Ah rêve du Meilleur des Mondes, tu nous feras toujours marrer. Le livre de Aldous Huxley fut d'ailleurs écrit pour mettre en boîte les premiers psychologues du comportement.

Le Corps médical

RABELAIS.

La médecine se glorifie (sans trop insister sur le fait qu'elle partage cette gloire avec l'évolution des conditions de vie, et surtout de l'hygiène publique) d'avoir causé l'effondrement de la mortalité infantile (de 70 % il y a deux siècles à 2 % en 1970 en France). On peut seulement regretter que cette expansion de la science n'ait pas été accompagnée d'une expansion de la conscience, à laquelle les gens étaient prêts : la tendance en pays industrialisés fut de réduire le nombre des enfants à mesure qu'on en perdait moins; réponse socio-biologique, sorte d'intelligence d'espèce, commune à tous les animaux sociaux, mais tendant chez le plus cérébral d'entre eux vers une procréation liée au désir : un monde bien différent de celui où nous vivons. L'humanité a loupé là une sacrée chance.

Dommage, vraiment, que les médecins se soient alors trouvés du côté du vieux patriarcat — et sans doute ils ont avec lui des liens viscéraux, s'étant dès le début institués super-pères, et montrés très spécifiquement anti-femmes (après tout c'est des femmes jadis qu'ils prirent la médecine, pour en faire leur monopole). Non seulement ils ne se lancèrent pas dans la recherche de moyens de contrôle des naissances, mais, contrecarrant l'intelligence d'espèce, ils s'opposèrent farouchement à l'usage — pour le public sinon pour eux-mêmes —

des procédés empiriques existant. Et jamais, en
tant que corps constitué, ils n'ont cessé depuis
(l'Ordre corporatiste a brisé les rebelles, par
l'interdit de travail), dédaignant de jeter un regard
à la courbe démographique, pourtant d'une lecture
fort simple. C'est ainsi qu'ayant participé, par la
lutte contre l'infection, à la chute de la mortalité
infantile, ils se trouvent, par la lutte contre la
conscience, co-responsables avec l'Église et les
capitalismes nationaux, de l'explosion de la population terrestre.

Nos enfants [1]

Le bébé non marginal, né à l'hôpital, tombe
droit et tête première de sa mère dans les mains,
lestes et patriarcales, du Père accoucheur (l'éventuelle sage-femme est sous sa direction), environné
de tout un appareil de sauvetage. La terreur règne.
On dirait que les enfants de la société des Lumières
ne naissent que pour mourir, à moins que la
Science ne les sauve à temps d'un trépas certain.
Naître n'est pas normal, c'est une maladie. Le
spectre de la mortalité infantile continue de hanter
les maternités, brandi au moindre doute élevé sur
la nécessité du détail d'un déroulement qui montre
tous les signes d'un rituel. Tout vœu de changement sans effet sur la sécurité elle-même, tel
coupure différée du cordon, un peu moins de bruit,
fait lever l'anathème : Vous voulez tuer Nos
enfants! — ne dirait-on pas qu'ils sont leurs? La
mère n'a pas à intervenir mais à se laisser guider,
ce n'est pas elle qui sait c'est eux. Un ethnologue
de terrain étranger à nos mœurs pourrait bien voir
notre accouchement comme un cérémonial de
dépossession de la femme — de son pouvoir envié

et redouté de donner la vie — par les sorciers blancs du clan mâle. Hors de nos mains point de salut! Les géniteurs plongés dans la crainte propitiatoire s'en remettent au docteur pour tout : ils ont la foi. Il est Sacré. La science est ésotérique. Nous sommes en religion — et toujours le même vieux Dieu Père.

Le médecin est père de l'enfant avant celui qui l'a fait, ensuite arrive le pédiatre (le médecin de famille ayant été exterminé par les spécialistes), qui, seul, sait ce qui est bon pour le bébé, prescrit l'alimentation, les horaires. Mais aussi, à la moindre « alerte » — angine, bronchite — les antibiotiques, et parfois même le chloramphénicol [6] — qui en tout cas le « couvrent », lui.

Les enfants dès que nés sont vaccinés, et revaccinés, sous le coup de la Loi (*France-Soir*, 6 novembre 74 : « Gardez précieusement ce calendrier. 4 % seulement des moins d'un an sont bien vaccinés »... « 1re semaine de la vie : B.C.G. contre la tuberculose. 3e mois : vaccination associée contre la diphtérie, le tétanos, la coqueluche (D.T.Coq.). 6e mois : vaccination contre la rougeole. » Ensuite, les rappels, et : « Il faut aussi vacciner les enfants allergiques. ») Ils seront ionisés, et re-ionisés par les radios. Soumis à des examens et dépistages, qui ne sont pas tous sans danger ni d'ailleurs sans erreurs. Bourrés de produits chimiques divers, onéreux mais remboursés, par la Sécu cette âme généreuse qui vit de la charité du peuple et soutient les laboratoires nécessiteux, n'allons pas voir par là ça nous entraînerait trop loin.

---

6. Ou thyphomycine : antibiotique-massue, intéressant en cas de vie ou de mort, avec effets secondaires redoutables (anémies léthales).

Et aucun tremblement n'agite le Corps médical devant les doutes qui s'élèvent sur les bienfaits de ce matraquage d'organismes en formation. Pas même de réponse : le Corps est sans réflexes. Silence, solitude alpine, non-information. Dédain du petit peuple ignorant. Pas l'honneur d'une explication — sauf de quelques rebelles qui risquent la famine par suspension, ou de livres qu'on menace d'interdit [7].

L'immunité donnée au début de la vie par le lait maternel, dès qu'il existe les vaccins, tombe en désuétude. Depuis le « miracle » de la pénicilline (ce lichen que les Indiens mettaient sur leurs plaies et on se foutait d'eux, ce qu'ils sont sales ces gens-là, des moisissures sur des plaies quelle horreur — jusqu'à ce que le génie occidental « découvre » leur connaissance empirique, se l'approprie et l'exploite), depuis le miracle des antibiotiques les défenses naturelles sont mises au rancart. Pourquoi?

La médecine a rejeté la masse des connaissances empiriques et intuitives accumulées au cours des temps par *d'autres* cultures [8] — à moins de se l'approprier et de la faire repasser dans ses propres circuits, un jour on va voir rappliquer l'oignon, rebaptisé en latin, l'Onisitine tiens on prend le brevet, dans une belle boîte chère et remboursée : le remède miracle du cholestérol enfin découvert! La connaissance intuitive et empirique a fait place au Savoir. Place nette : tout cela est perdu, oublié, il est même des herbes qui ne poussent plus...

7. Pradal, *Guide des médicaments les plus courants*, Seuil, 1974. Onze laboratoires ont tenté de le faire interdire.

8. Une ordonnance récente interdit en France d'ouvrir ou de reprendre un commerce d'herboristerie — métier qu'on exerçait après des études sanctionnées par un diplôme pourtant. Essayez de deviner pourquoi?

Même s'il est démontré que le Savoir vaut mieux, pourquoi ne coopèrent-ils pas?

Parce que.

Le génie occidental ne veut parler que seul. Dès qu'il l'ouvre tout le monde la boucle. Seul détenteur des secrets, seul détenteur. Seul propriétaire. Seul exploitant, voilà. Les défenses naturelles sont gratuites, et supposent l'autonomie de l'individu. Le Corps médical secouru par un appareil légal est parvenu à abolir toute concurrence — en premier lieu celle que constitue la capacité des gens à régler leur vie.

Les herbes se cueillent et c'est même un plaisir. Comme les truites se pêchaient avant que les pisciculteurs détournent les rivières. Il s'agit du même monopolisme. Et comme les eaux détournées, la médecine s'est mise à charrier du poison.

Le caducée se mord la queue

La médecine produit déjà autant de maux qu'elle en soigne (qu'elle les guérisse n'étant pas prouvé), et bientôt plus. On s'alarme, aux États-Unis, du nombre d'accidents qui surviennent aux enfants dans les hôpitaux [9], *du fait même des soins* qu'ils y reçoivent. Les risques d' « hospitalite » (infection par virus mutants hyper-résistants à tous antibiotiques) étaient tels dans une des maternités de Paris qu'elle a dû fermer ses services, en 1974. Le spectre de la mortalité infantile revient hanter les maternités, rendu invulnérable par ceux-là mêmes qui l'ont conjuré. Au fait, est-ce bien eux qui causèrent sa chute? On ne dira plus : Hôpital, Silence, mais : Hôpital, Danger. Pour la médecine, commence

9. Étude de G. H. Lowrey, in *Pediatrics*, citée par I. Illich.

l'ère du soupçon. Et le Corps se convulse sous l'outrage : on ose lui poser des questions! « La dynamique morbide de l'entreprise médicale est sur le point d'être reconnue par le grand public [10]. »

Les enfants sont portés dans les bras, ou menés par la main (menotte) chez le docteur, au moyen de parents plongés dans l'inquiétude et la confiance totale, à grand battage des media (numéros de cirques de jongleurs d'organes et autres miracles étant la vitrine publicitaire du Corps médical). Les enfants ne sont pas en condition de s'opposer à ces visites, qui les angoissent car ils ne savent pas ce qu'on va leur faire là-bas, mal peut-être et ça arrive. Les examens ne sont pas toujours indolores, et un certain rude paternalisme n'est pas interdit dans la profession, ne sois pas douillet comme ça, tu es un garçon ou une fillette?

Alors que rares sont les adultes qui terminent leurs boîtes de comprimés, etc., aux enfants les produits prescrits sont administrés d'autorité, et jusqu'au bout; cette fois on ne peut pas douter que c'est pour son bien qu'on l'embête.

Ainsi dès l'âge tendre accoutumés à avaler, à attendre du dehors leur salut, privés de leurs défenses naturelles et ayant oublié que leur corps, et leur esprit, en possèdent, ils ne sauront plus, adultes, que s'en remettre aux Dieux de la Prescription.

Que la médecine produise ainsi sa clientèle, c'est la part futile de la critique [11]. Encore qu'il n'y ait pas de corruption qui ne mette en cause le prin-

---

10. Ivan Illich : *Nemesis médicale, l'expropriation de la santé*, Seuil, 1975. Voir aussi J. P. Dupuy et S. Karsenty : *l'Invasion pharmaceutique*, Seuil 1974. Un périodique à Paris : *Tankonala-Santé*.
11. Part futile : les médecins sont, après les marchands de biens, les plus gros investisseurs dans l'immobilier

cipe : l'intérêt du Corps médical est lié à la mauvaise santé des gens [12].

Mais c'est plus grave : la médecine contribue à préparer le mouton tremblant de l'Entreprise.

Des interventions directes comme calmants et tranquillisants aux bébés, et aux enfants « difficiles » la prescription de Ritalin aux petits Américains « hyperactifs » le mettent bien en lumière : gommer les symptômes de l'intolérance sociale, faire supporter l'insupportable, et amoindrir l'énergie vitale. La médecine collabore. Dans le cadre d'une mainmise des Pouvoirs sur tous les individus, elle a un rôle politique, qui dépasse « la médecine de classes ».

Ça vient, petit à petit, la conscience. Des médecins ont récemment refusé, en France, de continuer à verser leurs cotisations à leur « Ordre ». Des lueurs apparaissent dans le Corps jusqu'ici intouchable.

L'armée psy, en expansion : Travail Famille Chimie

Après les notions de délinquant, prédélinquant, caractériel, débile, inadapté, personnalité psychopathique, voici la dénomination de « déviant », qui a le mérite d'être claire : il y a donc une Ligne; et l'avantage qu'on peut mettre dedans ce qu'on veut : le vol de mob la fugue la désobéissance l'homosexualité (c'est-à-dire tout le monde qui a le malheur de se faire prendre) la sexualité solitaire l'hétéroprécocité le mauvais esprit la tête de lard

12. Dans la Chine traditionnelle, le médecin suivait un certain nombre de familles, en échange d'une rétribution annuelle — tant que la santé régnait. Si un des membres tombait malade, on cessait de payer le médecin. De la sorte, l'intérêt du médecin était lié à la bonne santé.

l'insoumission précoce la manif- la brebis noire le fille manqué la garçon manquée la haine des maths le génie hors programme l'insolence la liberté l'irrespect le bombage de murs les mauvaises lectures la grève les cheveux le pied le marcheur sur pelouse le rouleur d'herbe le promeneur trop loin la lumière trop tard le pas aimant le mal aimé le suicidaire le ras le bol la liberté la vie, tout ce qui dit pas papamanman quand on appuie sur le ventre. Tout est médicalisable et tout se traite.

Jacques, 14 ans, s'entend dire par le professeur au lendemain de la rentrée : « Cela m'étonne que vous ayez réussi l'examen d'entrée en troisième. » Depuis, il refuse d'aller au lycée. On le conduit, donc, chez le docteur. Celui-ci [13] déclare : « Il s'agit d'un trouble névrotique dont les causes psychologiques sont complexes » (si vous trouvez que c'est plutôt simple, cela est dû à votre ignorance) « mais on retrouve très souvent un élément commun qui est l'angoisse de séparation d'avec la mère. » ... « Problème thérapeutique : tous s'accordent » (qui sont ces tous qui soutiennent les affirmations des experts?) « à considérer la phobie scolaire comme un symptôme de troubles névrotiques de la personnalité de l'enfant » (le tort sur la victime) « qui demandent un traitement psychothérapique de la *névrose totale* » (appuyé dans le texte) « de l'enfant » (bien sûr de l'enfant, pas de l'école surtout) « mais aussi souvent de la mère. » Et voilà les coupables! Les enfants et les femmes! Dans l'article, dû au docteur Ferrari lui-même qui y a survécu (*Le Monde de l'éducation,* janvier 1975), on cherche en vain mention de la phrase initiale du prof: « Je m'étonne que vous ayez réussi... ». L'article est

13. Dr P. Ferrari, directeur de consultation à l'école des Parents.

intitulé : « La phobie scolaire ». C'est la maladie dont Jacques est atteint. Et il n'est pas tout seul C'est même une épidémie, mais ça ne fait rien : tous les enfants sont des névrosés et voilà tout, que les faits aillent se rhabiller de façon présentable.

Outre les techniques psychothérapiques, qui toutes convergent sur la petite famille sécurisante (pour la société), l'armée psy malgré son nom dispose de chimie, d'électricité, et de murs. Elle peut même déboucher sur le bistouri : le Pr Narabayashi a opéré 84 enfants au Japon, d'autres aux Indes, en Allemagne, en France, et aux U.S.A. Mark et Ervin. On détruit des tissus cérébraux profonds dans les cas d'épilepsie et aussi de « violence et rage ».

Lorsque Bruno Bettelheim, parmi d'autres, améliore et même tire d'affaire, depuis déjà un bout de temps, ses jeunes autistes, par la clarification de leur situation familiale, d'éminents professeurs qui n'obtiennent pas ces résultats continuent tout de même d'éructer que la psychose est organique et au diable les faits, sauvons la Famille, l'École et le Travail ainsi que la Chimie, au nom du sacré cœur de la bourgeoisie.

Qui concourt à opérer le glissement des causes sociales de la révolte adolescente à des causes pathologiques, de la répression à la « thérapie », aura bien mérité de l'Entreprise. Sans ceux-là, elle serait probablement perdue.

Dépendance économique

Il y a des gens dans le monde qui non seulement n'ont pas de ressources, mais n'ont pas le droit de s'en procurer, ni de disposer de celles qu'ils possèdent, par héritage par exemple. Ce sont les enfants de la société moderne — où, manque de pot, tout repose sur l'argent. Même s'ils travaillent, ce qui peut leur arriver dès 13 ans et demi, ils ne reçoivent pas un salaire entier : ils risquent de ne pas en recevoir du tout. Ils ne peuvent se suffire à eux-mêmes avant 18 ans, voire 20. Il leur faut donc être à la charge d'adultes. Et pas n'importe lesquels, qu'ils choisiraient et qui les choisiraient — il ferait beau voir qu'un adulte entretienne un mineur ou une parce qu'il l'aime bien ! ce serait du détournement. Expressément ses parents, ou son tuteur.

Cela fait de l'enfant de société avancée un attardé, qui reste aux graines de sa famille dans les dix ans de plus que son frère « primitif » ou médiéval. Un bébé longue-durée.

C'est évidemment pour son bien que son entrée dans la vie est tant repoussée, pour sa sécurité, sa non-exploitation, sa protection (nos tendres maîtres parlent toujours le langage du cœur), son instruction — et quel confort ! un vrai coq en pâte, de mon temps dit grand-père on n'était pas si dorloté.

C'est vrai, c'est vrai. Mais pourquoi y est-on contraint par la loi?

Parce que. Quand tu gagneras ta vie tu auras le droit de poser des questions.

Dorlotage obligatoire

Les enfants dépendent de leurs parents pour tous leurs besoins. La survie n'est assurée que dans la famille. Un enfant n'a pas d'autre feu ni lieu au monde. Il ne recevra rien nulle part. Et la mendicité est interdite. Et les personnes qui l'accueillent peuvent être inquiétées si elles n'avertissent les parents ou des Autorités. Lesquelles le ramèneront au domicile parental — là, et pas ailleurs.

C'est une dépendance économique à 100 % et à poste fixe. Vitale, totale, exclusive.

Elle double, et le moment venu relaye le rapport de forces. Les enfants sont à la merci de leurs parents pour la survie, et, pour le moindre de leurs désirs ils sont en position de mendiants.

Ce n'est pas la meilleure condition d'épanouissement. Plutôt de l'inhibition, et du calcul. Les enfants sont conduits à séduire pour obtenir — chose du reste tout à fait admise, voire appréciée, par le monde adulte qui a l'habitude de la prostitution (« Comment se faire payer une mob par papa, une robe par maman » indiquent les media destinés aux jeunes). La dépendance économique avilit, qu'en attendre d'autre?

Ce n'est pas drôle, de dépendre. La situation exigerait à l'égard du dépendant une extrême délicatesse. On est vulnérable.

Hélas, une dépendance totale donne un pouvoir total.

142

Il faut être un saint pour ne pas en user. Ou conscient. Surtout quand on n'a que ce pouvoir-là.

Les parents, à qui cette situation est également imposée, ne mesurent pas la violence contenue dans ce rapport, et l'effet de plaintes machinales qui sont autant de coups sur la tête.

Se sentir de trop, quand on n'a pas choisi d'être là et qu'on ne peut pas aller ailleurs, c'est plutôt dur, ils devraient y penser. « Dire que sans toi j'aurais pu me remarier... » « Si je n'étais pas obligé de vous nourrir j'aurais eu une autre vie... » Même sans plaintes, sentir qu'on est à charge, c'est dur.

Si un enfant se sent à charge, ou s'il est malheureux, s'il ne s'entend pas avec ses parents — on ne choisit pas ses parents — il n'a pas de recours. Il faut rester là, et caner. Il peut toujours rêver. Le rêve est une des voies de salut des enfants. Le fantasme « Mes parents ne sont pas mes vrais parents » hante de nombreux petits lits où on ne s'endort pas toujours aussi vite que maman croit. C'est l'heure du grand travail dans la tête.

Les malheurs de la dépendance économique s'exaspèrent à mesure que les enfants se sentent plus aptes à se débrouiller par eux-mêmes, et n'en ont pas le droit.

Il advient que le maître de l'économie familiale, lorsque son pouvoir est mis en cause par exemple, rappelle au rebelle sa condition. Et on voit voler des phrases-nœuds comme : « Tu n'es pas chez toi ici ne l'oublie pas! », « Quand tu gagneras ta vie tu pourras avoir des opinions » (spécial en cas de différend idéologique), et le célèbre « Qu'est-ce que tu ferais si tu ne nous avais pas! » qui vaut son pesant de logique. Ah là là! dit l'enfant, qui ne peut pas se permettre de trop développer. Ce que j'aimerais être ailleurs! ne dit-il pas, et s'il l'ose : « Et où irais-tu? Hein? Où irais-tu? », lui fait remarquer le père machinal, inconscient de son iniquité. Mais pas le gosse : quel coinçage.

Seulement, qu'il dise : « Écoutez, je reste uniquement parce que je n'ai pas le droit d'aller ailleurs. »

Scandale. Sacrilège. Ingrat! après tous les sacrifices!

Le pauvre bougre de père ne songe pas que ces sacrifices sont obligatoires, que le vrai bénéficiaire en est la société qui les exige et ne les rétribue pas, bref qu'il est le pigeon. Dans son cœur frustré il ressent le scandale d'un être assez fort pour mener sa vie et qui reste pourtant à sa charge : mais il en blâme l'enfant, faute d'une analyse consciente; blâmer le faible est plus facile. La mère est encore plus mal barrée dans cette panade, ses sacrifices à elle étant encore plus exigés encore plus lourds et encore plus gratuits; et intériorisés en plus sous forme de la « Nature » et du « destin », dont elle ressent dans son cœur l'injustice mais elle en blâme l'enfant elle aussi. Sa propre condition de dépendance économique lorsqu'elle ne travaille pas, parfois même quand elle travaille, la met dans le même panier que son môme. Elle aurait intérêt à s'en aviser, et à faire cause commune avec lui/elle. Mais c'est rare qu'elle le fasse, par suite de sa dépendance justement — ô oppressions imbriquées, qui se volent dans les plumes au lieu de s'allier, et se tiennent l'une l'autre au piège!

« Je ne les ai pas demandés les sacrifices », ne dit pas souvent l'enfant, pour raisons de sécurité. « Je n'ai pas demandé à venir au monde » dit l'enfant, au stade du desperado.

« Et nous tu crois qu'on l'a demandé? » ne dit pas le père, qui probablement oublie la nature involontaire de ses procréations, vu que son souci présent et unique est de rétablir son pouvoir, ce n'est pas le moment d'être honnête.

Et tu crois qu'on peut faire autrement nous aussi? On est tous coincés mon ami — ne dit généralement pas le père car ce serait l'effondrement de l'autorité. Il a tort : la vérité nue seule permettrait d'inaugurer une vraie relation au lieu de celle que le rapport économique celé fausse entièrement.

C'était : les joies de la dépendance économique en famille. Ce rapport présente à l'examen une des plus hautes concentrations d'absurdité connues.

La reconnaissance

Tu pourrais avoir un minimum de reconnaissance.

Où sommes-nous? Dans des rapports affectifs? En ce cas, on donne parce qu'on aime et que l'autre a besoin, c'est un plaisir, et on ne présente pas la facture.

Si on présente la facture, nous sommes dans une économie de marché. « Le mariage et les enfants sont une sorte d'investissement... Je veux recevoir mon petit pourcentage d'intérêts », dit le père de la jeune « schizophrène » Sarah (*in* Esterson, *The Leaves on Spring*, Pelican book). Ce papa assimile femmes et enfants à des marchandises.

S'agissant de personnes, nous sommes dans la catégorie Relation de service. L'élevage, éducation, etc., étant le service.

Malheureusement le client (enfant) n'a pas requis le service. Exemple : vous offrez à un aveugle de le faire traverser et après vous lui réclamez 10 F. Mieux, il s'agit d'un aveugle

endormi que vous portez, disons au montage
Simca et vous lui réclamez 100 F. Tout bébé
économiste vous dira que cet aveugle ne vous doit
rien, et en plus est fondé à vous demander des
dommages et intérêts. La transaction doit être
convenue au préalable, et son tarif fixé.

L'argument : Je n'ai pas demandé à venir au
monde est donc légitime.

De plus, le service « élevage » consistant fonda-
mentalement en un traitement de la personne en
fonction d'intérêts extérieurs à elle, et non des siens
que du reste on ignore pour la plus grande part, vu
que ladite personne est mise hors d'état au moyen
de violences diverses de les exprimer, voire de les
ressentir — ce « service » est assimilable à celui
rendu au bœuf de labour et à la vache vêlante, à
part l'abattage final (sauf en cas de guerre, camps,
etc.). Ces animaux doivent-ils reconnaissance à
leurs éleveurs? Même traités comme des « coqs en
pâte »?

Ainsi, — Pardon? Non, ce n'est pas du cynisme,
c'est de l'économie. Les menteurs appellent toujours cynisme les tentatives d'y voir clair. Ainsi,
qu'il s'agisse d'un rapport affectif ou d'une relation
de marché; ou d'un amalgame des deux comme
c'est souvent le cas, les enfants n'ont aucune « dette
de reconnaissance ».

Bien plus, pour traitement contre leurs intérêts
propres, exercé à la faveur d'une contrainte par
corps, ils seraient en droit, s'ils estiment avoir été
abîmés, de réclamer des dédommagements [1] —
dont le montant serait à fixer par experts et
tribunaux.

Lesquels n'existent pas puisque les enfants sont

---

1. Exemple : calculer les indemnisations dues par le père
tortionnaire Schreber à son fils devenu fou.

une classe sans droits. En l'absence de toute
législation et de tout barème, il n'y a pas de
plafond à ce que les enfants peuvent recevoir de
leurs parents, et les largesses n'impliquent aucune
contrepartie, ni aucune culpabilité. Ce sont les
parents qui restent débiteurs.

Ce n'est pas juste? Certes. Alors voyez d'où
exactement vient le tort, et travaillez à changer les
lois.

Points de références

La dépendance économique des enfants n'a rien
à envier à personne.

Elle est plus profonde que celle des ouvriers, qui
peuvent tout de même, dans les sociétés occidentales, changer de patron, quitte à la sauter dans
l'interrègne. S'ils ont une femme et des enfants à
nourrir c'est moins simple, tiens on retrouve la
famille (mais pourquoi au nom du ciel faut-il que
quelqu'un ait une femme et des enfants à nourrir?).

Elle va plus loin que celle des femmes, sauf de
harem qu'il n'y a plus dit-on, qui peuvent aussi
changer de patron, divorcer, chercher du travail,
retourner chez leur mère, en tout cas s'en aller, ce
n'est pas facile mais elles ont plus ou moins le
droit. Si elles ont des bébés à biberonner c'est
moins simple, la revoilà la famille, le piquet à
chèvre.

Les jeunes appelés, ces autres grands dépendants
(temporaire, temporaire, mais pendant que ça dure
ce n'est pas mal), ont des perm, la quille n'est pas
si loin, une lutte est en cours; et ils ont comme une
sorte de fantôme de salaire, une amorce de droit.

En fait, au niveau de la dépendance économique

proprement dite, on ne trouve de réel point de comparaison qu'avec les esclaves.

L'esclavage étant de nos jours en principe aboli, ça fait que la dépendance économique des enfants est, présentement, si on ne s'abuse et sauf oubli de pire, la plus totale et profonde dans le monde, en plein cœur de sa partie se disant développée.

On se demande comment un phénomène si remarquable passe si inaperçu dans une époque si pensante.

Motus

Les enfants ne peuvent pas parler de leur dépendance, parce qu'ils sont dépendants. Conscient ou abusé, quand on est dépendant on a peur, quand on a peur on se garde de le dire, parce qu'on a peur. En plus on a honte : l'opprimé a honte d'être opprimé, tout le monde l'en blâme, et lui aussi, tant qu'il n'y a pas une prise de conscience collective qui seule efface la honte de s'être laissé mettre en dépendance.

Quant aux adultes normaux, qui peuvent s'exprimer, ils ne vont pas manger le morceau, et donner des verges pour se faire battre, pour ça il faut être vraiment fou. La plupart d'ailleurs ne pensent nullement qu'ils « maintiennent » les enfants en dépendance, ils pensent simplement que les enfants « sont » dépendants.

Comme ça, par « nature ». L'enfance est d'une « nature » différente.

Ces histoires de nature, on commence à le savoir, sont bien sûr purement sociales — comme toutes les autres affaires de classe. Un adulte, ce n'est pas une autre sorte d'être, c'est, depuis le temps qu'on en parle il serait temps de le dire en effet.

C'est le même qui a changé de camp. De classe, quoi. Ce ne sont pas les enfants qui sont différents, ce sont les adultes.

Les adultés

Si tu travailles pour nous dit le Gardien de l'Ordre, on passe l'éponge.

L'éponge sur les péchés de jeunesse, les rages les révoltes les haines coupables les mauvais désirs (Ne voulais-tu pas tuer ton papa? Hein? Sois père, mon fils, et ton crime sera lavé). Et aussi l'éponge sur les aspirations immenses les espoirs fous les émerveillements, impossibles ici, renonce! Et sur la croyance que la Vie, c'était autre chose! Autre chose que ÇA! L'éponge sur le « principe du plaisir », et voici le triomphe du principe de « réalité », dont Freud et autres ont négligé de remarquer que c'était la réalité d'ici, la réalité de l'Entreprise d'exploitation, et non LA Réalité. « Moi aussi à ton âge j'avais des illusions... » « Ça te passera avant que ça me revienne... » Viens parmi nous dit le Gardien, et tout sera oublié.

Et tout est oublié.

Le voici adulte à présent, ou plutôt : adulté. Un adulté c'est un enfant qui s'est trahi. Pour prix de sa trahison il gagne du pouvoir, et un profond sommeil d'oubli.

Un adulté a perdu « son » enfant, il ne sait plus le retrouver, se retrouver tel qu'il était de son vivant, il ne se reconnaît plus lui, dans les enfants.

Quand il en parle, puisqu'il a le droit maintenant de parler sur tout, il parle de l'Enfant, comme d'un Autre. Ce que sa pensée dominante considère c'est un enfant abstrait. Un enfant mort.

Le pouvoir d'oubli, l'aveuglement de l'adulté est

149

une mécanique fascinante : il ne voit pas l'étrangeté de conférences sur l'Enfant sans enfants, bien qu'ils lisent écrivent et parlent; ni d'un statut de mineur jusqu'à 18 ans (il ne la vit point jusqu'à 21 ans durant longtemps, et ne fit pas un son quand ça changea subitement); ni il ne voit l'étrangeté d'une surveillance à temps complet (mais la voit l'étrangeté, dans la comparaison avec d'autres surveillances à temps complet); ni d'un droit de déranger, donner des ordres, faire taire, défendre certains sujets; ni de l'ingérence dans la sexualité d'une autre personne; ni de la contrainte à rester assis six heures par jour à écouter des discours; ni de l'exclusion du jeune humain des décisions concernant son propre avenir; ni d'une absence de garanties démocratiques reconnues, au moins en principe, à tous les autres humains; ni de l'exclusion de la victime de la définition des torts qu'elle peut subir; ni d'une condamnation au parasitisme et d'un interdit à subvenir à ses propres besoins alors même qu'on le veut et le peut. L'adulté ne voit aucun trait commun entre la condition des enfants et celle des esclaves là où il y en a, et trouve cette comparaison outrageuse et folle. Il estime cynique qu'on voie dans la relation de famille une part d'économie, qu'il y met et dont même il parle. Il n'est pas dérangé par une notion de « protection », en place de droit. Il ne voit pas de mal à définir une autre personne qu'il ne connaît que contrôlée, et à lui imposer silence quand elle essaye de se définir elle-même. Il ne voit rien il est aveugle, placide et amnésique.

Heureux à qui fut prophétisé : « Mon/ma pauvre enfant, tu ne deviendras jamais adulte! » et qui accomplit cette prophétie.

Que toute l'éducation soit une préparation intensive à l'exploitation à venir n'empêche pas l'exploitation présente, dans la mesure du possible conciliable avec les lois.

L'exploitation domestique, discriminatoire, des petites filles, est en même temps préparation à son avenir de ménagère, et aide bienvenue de la mère exploitée. Une petite fille qui, lorsque ses frères se prélassent devant la télé, refuse le service, ne réclame pas justice : elle laisse tout le travail sur le dos de sa mère, et se sent la méchante coupable. Charte : partage d'un commun accord de tous les temps de travail, école comprise, par tous les membres de la communauté.

La loi autorise ou tolère dans de nombreux pays qu'une personne de moins de 18 ans reçoive un salaire inférieur pour un temps de travail égal Voire prolongé : certains apprentis ont des journées de neuf heures. En France, quand un patron prend un jeune apprenti, c'est lui qui reçoit une subvention, vu que c'est une faveur qu'il fait : le jeune lui ne reçoit rien (on connaît des « salaires » de 1,50 F par mois) et paye ses transports. Il paraît qu'on l'enseigne — bien qu'il sorte généralement d'une école professionnelle. Et bien qu'on lui fasse généralement balayer l'atelier. C'est ce qui est appelé : Protection de l'enfant contre l'exploitation. L'exploitation des apprentis dans une société où on le gratifie d'un statut de mineur pour lui éviter l'exploitation par ses parents et par les patrons n'empêche ni l'une ni l'autre, vu qu'il n'y a qu'un moyen d'empêcher l'exploitation c'est de l'empêcher, et on n'en est pas là. Fait reconnu, officiel, et maintenu, l'exploitation des jeunes n'est qu'un chapitre plus lourd de l'exploitation de tout le monde.

Charte : droit de se faire exploiter comme les autres. Pas de privilège.

Étant donné les conditions, spéciales, faites aux jeunes sur le marché du travail — sans parler du marché du chômage où on ne peut entrer du reste que si on a déjà assez travaillé pour ça — les seuls débouchés sont : les casses (où les jeunes se font exploiter par les receleurs, aux environs de 10% de la valeur des vols); et la prostitution, en expansion parmi les enfants de familles pauvres, aussi bien pour les garçons que pour les filles (clientèle mâle pour les deux); s'ils se débrouillent pour ne pas se faire « protéger » (exploiter) par des professionnels, ils se trouvent là du moins à égalité d'exploitation avec les adultes, voire un peu plus cotés, vu leur fraîcheur. C'est le clair résultat obtenu par une réglementation « protectrice » dans une société fondée sur l'exploitation.

Petit supplément de dépendance

Côté familles aisées : aux U.S.A. l'argent de poche joue un prodigieux rôle éducatif. Nous leur faisons faire ce que nous voulons avec ça, nous sommes vachement libéraux et en plus ça les habitue à manier le Fric avec la considération qui lui est due.

En Europe, c'est encore les cadeaux. Petit papa Noël n'oublie pas mon petit soulier. C'est bien aussi. Ça fait rentrer le métier (le plus vieux métier du monde). Ça fait marcher le commerce (dans les 30 millions de N.F.). Et ça prépare à la sur-consommation. (Coup tous-tableaux.)

Enfin, il y a cette sacrée question du montant de

l'investissement supplémentaire pour les études supérieures, consenti par les familles riches parce qu'elles ne veulent pas que leurs enfants dérogent, et par les plus modestes parce qu'elles désirent que lèurs enfants s'élèvent, et jouissent, puisque avec des diplômes on jouit, d'une vie meilleure que la leur. Le désir d'études poussées vient des parents. L'enfant de famille pauvre qui veut étudier se débrouillera pour travailler, obtenir des bourses, et ne pas rester à charge. Quant aux enfants de milieux aisés, ils continuent automatiquement, s'ils ont compris où est la bonne soupe. Sinon, le problème s'exprime sur le terrain à peu près ainsi :

« J'ai vachement envie de me tirer j'en ai vachement marre mais alors il faut que j'arrête les études, les études c'est de la merde je sais mais si je les finis pas j'attraperai que des boulots merdiques c'est pas tellement marrant non plus, en plus manque de pot j'ai des parents plutôt chouette ils font pas trop chier s'ils faisaient chier ça serait plus simple, je sais vraiment pas quoi faire merde au fond ils me tiennent... Et puis dans le fond j'ai pas tellement envie de leur faire de la peine non plus c'est pas tellement de leur faute tout ça. Ma mère, surtout. Elle est déjà pas si jouasse si en plus je me taillais elle flipperait complètement... »

Impacts et mesures

Pour mesurer le rôle joué par un élément dans un phénomène, on l'élimine du phénomène et on regarde ce qui se passe.

Par exemple, on peut observer que, lorsqu'un fils devient aussi grand que son père brutal et le lui fait savoir, le père baisse le ton. Il arrive même qu'il se mette à avoir peur d'un retour de bâton. Ainsi peut-on apprécier le rôle du rapport de forces physiques.

Une occasion remarquable d'apprécier la dépendance légale s'est présentée récemment en France, lorsque, par ukase du pouvoir et sans préparation, la majorité est tombée brutalement de 21 à 18 ans.

Hier « enfants », ils se sont réveillés libres, des ailes au talon. Et des parents découronnés durant la nuit se sont aperçus au petit matin que leur relation à leur enfant reposait sur un pouvoir — en voyant qu'ils ne l'avaient plus : Quoi, il/elle *peut* nous quitter !

Et en disparaissant, le lien légal amène en pleine clarté l'importance du facteur économique : s'il ne gagne pas sa vie on garde encore un pouvoir.

Mais si le jeune affranchi subvient à ses besoins, on peut voir dans ce moment insolite les parents dépossédés improviser en hâte des stratégies sentimentales, la mère aux premières lignes avec sa demande affective. Et on observe comment est invité, de façon pressante, à prendre le relais des pouvoirs disparus, l'amour filial. On mesure sa fragilité, lorsqu'il n'est plus soutenu par eux.

L'amour filial. Seul élément reconnu, et figurant dans les tableaux accrédités de la relation des enfants à leurs parents — les autres composantes, la force, la loi, la survie, l'endoctrinement (le pouvoir en un mot) étant pudiquement celés.

Il serait honnête de se demander ce qu'il en est réellement d'un amour que le pouvoir ordonne et soutient.

Quoi, quelle horreur, comment pouvez-vous mélanger le pouvoir et l'amour !

Et ne tolère pas qu'on questionne. Amour filial, pas toucher, tabou.

Supposons un monde où le plus grand n'est pas conditionné à dominer le plus petit (Indiens a'Amazonie); où les enfants peuvent s'abreuver à tous les seins environnants (Dakota Sud), vont où ils veulent et sont accueillis partout (Samoa); participent aux travaux selon leurs forces (Hopi); et sont considérés enfants de l'Univers et non propriété de gens particuliers (Thibet) — Que serait l'amour filial?

Libre.

a'Amazonie); où les enfants peuvent s'abreuver à tous les seins environnants (Dakota Sud), vont où ils veulent et sont accueillis partout (Samoa); participent aux travaux selon leurs forces (Hopi); et sont considérés enfants de l'Univers et non propriété de gens particuliers (Thibet) — Que serait l'amour filial?

L'amour filial

« La révolution industrielle, en supprimant peu à peu le rôle économique et politique de la famille, lui a donné un nouveau sens, a *promu* l'affectivité au sein de ses membres [1]. »

Quand de tels aveux, même si exprimés de façon à donner l'impression que l'industrie opère à la façon d'un philtre d'amour, tombent de stylos si insoupçonnables, alors c'est bien officiel : les sentiments entre membres de la famille sont une *promotion* du capitalisme (« révolution industrielle » en termes pudiques).

Ces sentiments, pourtant, nous ont été donnés à tous comme naturels.

Malheureusement la promotion de l'affectivité en famille n'a guère plus de quarante ans.

Pour une nature, ça fait jeune.

Il est vrai, les actuels enfants l'ont trouvée là en arrivant, c'est donc facile de leur faire accroire qu'elle a toujours existé, et tout l'environnement

---

1. *Chers Parents* : A. M. Coutrot et J. Onnezzano, de l'École des Parents, Laffont. On a souligné ce terme de marketing, judicieusement choisi. (Il est un peu injuste d'écrire que l'industrie aurait supprimé le rôle politique de la famille : elle lui en a donné un très important.)

s'y emploie, gommant l'Histoire pour prétendre à l'Essence.

Les dominants donnent toujours leurs valeurs comme éternelles.

Comme toute caste dirigeante, la bourgeoisie ne veut pas appartenir à l'Histoire. Elle veut appartenir à l'Éternité.

Elle est éternelle en cela qu'elle veut faire oublier qu'elle n'a pas toujours été là, et en cela qu'elle veut y rester.

L'Histoire reprend ce qui lui appartient

Avant la mutation capitaliste, la famille est une réalité matérielle. C'est une unité de survie, avec commandement unique, le père. Les enfants sont la main-d'œuvre — les bras superflus s'en allant dans le vaste monde se faire compagnons, voleurs de bourse ou d'empires (ces derniers préparant la mutation impérialiste). Respect, soumission, discrétion, pour l'aîné succession, sont les sentiments requis des enfants. Les femmes allaitant ont avec les très petits une relation physique. Quant à l'amour entre les gens de la famille, c'est comme ça vient. Ce n'est pas défendu.

(Dire que les communautés actuelles reproduisent la famille, c'est inverser les termes : en fait la famille est une des formes (forme patriarcale) de communauté de survie. Les communautés actuelles sont signe d'un désir d'autonomie à la base. C'est pourquoi malgré leur caractère paisible elles sont mal tolérées par le Pouvoir : centralisme et autonomie à la base sont des structures antagonistes.)

Arrive, par mutation brusque (Révolution française) ou non (Angleterre), la bourgeoisie centraliste jacobine industrielle, et détruit la famille.

158

Marx et Maurras sont d'accord là-dessus, ne différant que sur l'appréciation. L'industrie achète la force de travail individuelle indifférenciée, draine les gens vers les villes, atomise les communautés [2]. Le peuple *devient* une masse.

Aïe. La bourgeoisie n'a pas vu venir le coup. Force Aveugle, machine à dévorer qui avance, crunch, crunch, elle ne comprend pas ce qu'elle fait ni ce qui lui arrive, et elle répond au coup pour coup avec des trains de retard. Pendant la mutation impérialiste elle a une passe très dure, appelée « les Années folles » : ouvriers horriblement nombreux, révoltes partout, femmes qui fument et perdent leurs seins, intellectuels en rupture (la bourgeoisie perd ses hérauts, c'est plus grave qu'il n'y paraît), les surréalistes tirent à boulets rouges contre la famille et même Gide écrit : « Familles, je vous hais. » C'est à la mode de ne pas faire d'enfants. Et la Sainte Russie qui devient rouge! Tout fout le camp. (La Force Aveugle ne voit pas et bien peu voient que le socialisme centraliste de Lénine et ses successeurs fidèles — qui n'a touché à aucun des facteurs de l'équation galopante : concentration contrôle et surtout structures hiérarchiques   opère comme un régulateur dans l'évolution vers le monopolisme.)

Or la société bourgeoise repose sur ces structures de domination, qui l'ont enfantée; la famille est le seul moyen de transmission de ces structures. Ainsi que le seul moyen de production de la matière première humaine (elle ne contrôle pas encore alors le réservoir du tiers monde, sauf pour les Africains déportés aux U.S.A.). Au Nom de Dieu il faut sauver la famille!

---

2. Ils n'ont eu le restant des communautés paysannes qu'avec l'invention et promotion des tracteurs.

Il y faudra vingt ans, le contrôle des moyens de communications de masse, l'exemple du laboratoire expérimental nazi de psychologie appliquée et l'achat de nombreux cerveaux : au stade de sa mutation monopoliste, la Force Aveugle s'est enfin payé des lunettes : des experts en Sciences Humaines (anti-humaines) travaillent pour elle dans des instituts richement dotés. Le beau fruit de ces investissements est l'action psy. Recherches de motivations, techniques de persuasions, manipulation lavage de cerveaux viol des foules. Objectif prioritaire, la famille. D'ailleurs Reich l'avait bien dit qu'elle tient tout le truc (la Force Aveugle a appris à lire).

Un tir nourri d'ondes, images, mots, modèles (les vedettes du cinéma américain, ces phares, se mettent à montrer leurs kyrielles d'enfants, hier cachés honteusement : la famille redevient à la mode), chansons (très important la chanson, haute pénétration au cœur des masses populaires et moyennes. C'est très en main la chanson [3], très surveillé), magasins prénataux, priorité dans les files d'attente : ça n'est plus disgracieux d'être enceinte c'est avantageux; magazines affiches gadgets hochets honneurs fête des mères, des pères, en plus ça fait marcher la vente, la cravate la layette les jouets, coup tous-tableaux, faut-il vous l'envelopper? oui, dans du bonheur — attention pas la joie! des tons pastel très unis, bien propre s'il vous plaît, merci. La famille l'amour le bonheur l'amour le bonheur la famille le bonheur la famille l'amour, si vous n'avez pas attrapé l'air on peut repasser le

3. Et quand ça échappe, c'est grave : voir années 60, Bob Dylan, chanson protest, anti-war, mouvement pop. Ça se récupère, sans doute, mais sait-on jamais ce que ça peut faire entre-temps comme ravages, et quelles séquelles ça peut laisser.

disque. La famille, le plus grand lancement du demi-siècle.

C'est reparti pour un tour. Ouf. Sauvés.

Ainsi, ils s'approprièrent la famille. Réduite à l'indispensable, papa maman bébés. La structure vide, rattrapée de justesse, est remise en marche à l'aide d'un carburant psychique, l'affectivité est « promue ». Tout le monde y croit — et quelle différence entre aimer et le croire? Le corps, réanimé, repart. Mais plus pour soi, plus autonome : comme rouage de la Machine.

La structure vide peut désormais servir la Force Aveugle.

L'amour fait tenir, en même temps cimente, anime, sublime et masque. L'amour est la gratification de la famille devenue rouage. Et c'est la seule qu'elle ait. On comprend qu'elle y tienne.

L'amour filial, tel qu'il est ordonné

Les ingrédients archaïques, Respect et Soumission, demeurent la base du produit, et sont on l'a vu garantis par le Gouvernement et ses Corps constitués. Mais ils ne figurent plus sur l'étiquette, étant peu engageants. Et de façon que la clientèle moderne au palais délicat ne soit pas rebutée par leur amertume, on les a enrobés de sucre affectif. Le produit est exempt d'excitants sexuels, ou autres. C'est un sédatif léger et un hypnagogue. L'accoutumance, voire l'addiction, que l'on peut constater, fait partie de ses vertus mêmes. Posologie : selon besoins. Aucune contre-indication. En cas d'intolérance, consulter votre psychiatre.

L'amour filial est inné, et héréditaire. Génétique, biologique, naturel. Il est dans le sang.

On le trouve dans tout le règne animal, spécialement le genre mammifère (le nôtre) : c'est un Instinct.

Il existe de toute éternité. Le fait que le contraire ait été publié par des experts regarde la pure sociologie, et n'altère pas le dogme : il est en toute religion une Connaissance réservée aux prêtres.

Il est universel : tout le monde l'a. Un enfant qui en serait dépourvu est dénaturé. D'une façon un peu inconséquente, cette carence organique lui sera reprochée comme s'il en était responsable : « Tu es un monstre dénaturé, tu n'as pas de cœur. » C'est là un sous-effet religieux.

Il est un devoir, et à ce titre fait l'objet d'un endoctrinement par livres, presse et tous media accessibles aux enfants (les produits contraires à la doctrine étant mis de par la Loi hors de leur portée).

L'amour filial s'apprend : il est enseigné non seulement par les parents et autres membres de la famille, mais dans les Institutions, laïques comme religieuses. Il figure d'ailleurs dans la Charte fondatrice de notre patriarcat : Commandements de Dieu, art. 5.

Pardon. Ce n'est pas « aime » qui est écrit dans la Charte. C'est « Honore tes père et mère ». Ce qui ne veut pas du tout dire la même chose. C'est plutôt Respect Soumission Succession.

Tiens. Tout le monde croit que c'est « aime ». Le sens aura glissé sur la pente savonnée du temps. Dieu s'est recyclé.

Un enfant doit aimer ses deux parents, en bloc. En cas de divorce toutefois, une option affective pour un des camps est autorisée. Et même un choix, à partir de 13 ans. Avant, il est trop petit, il n'a pas à savoir.

Dis donc, qu'est-ce que ça peut être un instinct obligatoire ?

Va demander à l'ordinateur. Cet instinct obligatoire, en plus,

Non !

Si, en plus porte le doux nom d'amour. Ce qui,
sans préjuger du contenu donné à ce terme confus,
au moins implique un mouvement d'élection, de
choix, de liberté bref. L'amour ne se commande
pas dit-on. Mais celui-là, si.

Un amour qui est un devoir, c'est une contradiction dans les faits.

Un instinct qui est un amour aussi.

Un devoir qui est un instinct, pas moins.

Nous tenons là un animal rare dans l'Histoire de
la Logique : un Être fait de trois termes tous
contradictoires entre eux. L'instinct obligatoire
libre. Le libre devoir naturel.

Vu. Ok. Vive Robespierre et l'Être Suprême, la
bourgeoisie c'est le triomphe de la Raison, tout ce
qui est réel est rationnel, bravo.

Par contre, avec le postulat de base, ça va très
bien : « C'est mon intérêt donc c'est logique. »

L'ordinateur a dit ; Votre truc n'existe pas. Ticli
ticlic ticli ticlic. Vérifiez vos données. Ticlic.

Tel qu'il est ordonné

Une affirmation telle que : « Les enfants aiment
leurs parents » est dénuée de sens, tout comme,
par exemple, celle-ci : « Les enfants n'aiment pas
leurs parents. »

La bourgeoisie est une grande sentimentale, le
mot « amour » est de ses chéris. Shell que j'aime,
Farah aime le Shah, I like Swipe, le chien aime son
maître — et qui parle de où est la bonne soupe et
des réflexes de Pavlov c'est celui-là qui est
indécent. La bourgeoisie s'est approprié le mot
« amour » et le met à toutes ses sauces.

Ici le mot est mis en place de « dépendance » :
Dépendance filiale est propre. L'amour pourrait
être un cas particulier de ce rapport — si toutefois
la dépendance (le pouvoir) ne lui était pas
contraire.

Cette affirmation, c'est un ordre, déguisé. La
proposition réelle, cachée est : Je veux que les
enfants aiment leurs parents. La proposition *princi-
pale* (je veux) étant effacée, et la *subordonnée* seule
énoncée.

L'amour filial a pour fonction d'endormir le
patient durant les opérations mutilantes, de paralyser ses résistances, d'intérioriser la dépendance, de
faire glisser onctueusement comme un bon gâteau
l'idéologie régnante ; et de voiler, aux yeux des
parents comme des enfants, la politique du rapport
familial.

Cette dernière commande surtout est si impérieuse que l'examen du dogme est frappé d'interdit,
le doute d'anathème : un abord non dévot est
sacrilège. Le tabou est plus rigoureux que celui qui
défend des regards profanes l'amour parental,
paternel surtout : ce dernier a des arrangements
avec le ciel, les devoirs religieux c'est surtout pour
les inférieurs.

Amour filial jouit d'une immunité spéciale, due à
la position particulièrement vulnérable des enfants,
dont la dépendance est totale.

Par « amour filial » il faut entendre, en termes
profanes, non le sentiment éventuel d'enfants pour
leurs parents, mais le détournement et l'utilisation
par le système des possibilités d'amour du petit
humain.

*

J'ai vérifié les données. « Devoir » est la seule

qui soit sûre. « Libre » est irrecevable tant qu'il n'y a pas choix entre plusieurs parents. « Instinct » personne ne sait ce que c'est, ils parlent de programmation directe par la mère, sauf pour les chenilles. Ou alors chimique par la bouffe. De toute façon ça ne vaut pas pour le père, sauf s'il couve. Pour les lionceaux ça va jusqu'à ce qu'ils se décident à chasser, et ils sont très flemmards. Quand la petite oie sort de l'œuf, elle file le train à la première chose qu'elle voit bouger, on cite une qui a suivi le tracteur toute sa vie. Le bébé Dakota tête à tous les seins disponibles, les garçons éléphants sont virés à grands coups de trompe dans le cul dès que leur cœur soupire, mais les petites éléphantes restent avec leurs mères. Ils disent qu'il y a absolument tout dans la Nature, et qu'on n'a qu'à prendre ce qui colle pour la théorie qu'on a, tout le monde fait ça. Enfin, « amour » étant le terme à démontrer on ne peut pas le poser avant, c'est une pétition de principe, ils disent.

Dosage

Une certaine dose (quantité? intensité? température? E? U? W?M? on ne sait trop comment quantifier ça) d'amour est requise.

Les parents sont juges si on les aime assez ou pas. Et rarement se jugent-ils suffisamment aimés, pour des raisons qui leur sont propres. L'une étant qu'ils ne se jugent pas suffisamment aimés en général, et peut-être en effet ne le sont pas.

L'autre étant leur définition implicite de notre amour : les aimer, c'est être ce qu'ils veulent qu'on soit, selon leur idée de leur enfant. Exigence qui va fréquemment contre ce que tu te sens être. Ce qui a pour effet si tu veux trouver grâce à leurs yeux, de te déchirer en deux : d'un côté, ton moi (à toi); de l'autre, ton moi (à eux). Allez-y et que le meilleur gagne! Or plus tu es attaché à tes parents, plus le pronostic est sombre : car tu vas jouer contre toi-même.

Résultats. Match nul, l'hôpital, diagnostic : schizophrénie. A moins d'avoir la chance de tomber sur un antipsychiatre (psychiatre au courant qu'il y a une oppression), ton moi à toi est assommé, chimiquement ou électriquement.

0 à 1 pour eux, plus de problème. L'amour a gagné. La vie est là simple et tranquille. Les adultes réussis modèle conforme sont des fous à 100 %. Les « fous » sont des modèles ratés.

0 à 1 pour toi, la bagarre. Tu en sors mais dans quel état.

La réalité commune se tient plutôt dans les décimales, et c'est ainsi, par la vertu de l'amour filial comme méthode d'éducation, que nous sommes tous des schizophrènes à des degrés divers, des « moi » qui ont perdu des plumes et pris du plomb dans l'aile, c'est pour ça qu'on ne plane guère. D'autant plus de plomb que tu auras davantage aimé, c'est triste à dire.

Le terrain

La prescription de l'amour filial ne tombe pas au hasard : le terrain sur lequel elle opère n'est rien moins que le besoin d'amour. A peu près personne n'aime, mais tout le monde veut être aimé.

Vouloir être aimé et détenir le pouvoir de l'obtenir — qui va résister à une tentation pareille? Les parents vont donc appliquer la consigne avec enthousiasme.

Et on assiste à des renversements de sens, du

type : Tu me dois tout = tu m'aimes, Tu ne peux rien sans moi = tu m'aimes. Tu veux être aimé = tu m'aimes.

C'est donc ça aimer, se dit l'autre ou plutôt ressent-il/elle et puis, il a besoin d'être aimé lui aussi elle aussi. Alors il aime, comme on dit.

L'amour devient cette créature étrange : rencontre de deux besoins d'être aimé. Deux creux se remplissent l'un l'autre.

Tel qu'il est administré

Dans le milieu fermé — la cage où se sont laissé enfermer les adultes modernes —, réduit à deux personnes, ces deux personnes sont en position d'affecter profondément l'être tombé dans leurs mains.

Tout ce qui émane de cet être ira d'abord vers elles, puisqu'elles sont les seules (ce qu'on appelle « la nature » c'est tout d'abord la nécessité). Tout cela les parents peuvent le recueillir, le retenir et le bloquer sur eux (fixation), à la faveur de la dépendance de cet être, et de son isolement.

Il est facile d'être l'unique, quand on est l'unique : Tu n'as que nous, nous n'avons que toi — et l'enfant qui ne peut mesurer de quel dénuement c'est l'expression répétera, dans ses rédactions de sixième : « Nous n'avons qu'eux, et ils n'ont que nous », quelle tristesse.

Il est aisé de se rendre indispensable, quand on est indispensable, « Il faut toujours que je sois là il ne sait rien faire tout seul, sans moi il est perdu. » Pauvre infirme. Ce n'est pas sorcier de créer le besoin de sécurité, en créant l'insécurité par ses propres angoisses « Tu vas tomber tu vas te perdre reste ici donne la main ne va pas dans l'eau tu vas te mouiller, ne rentre pas après l'heure j'ai toujours peur qu'il te soit arrivé quelque chose tu me feras mourir d'inquiétude » ; il est aisé de planter au cœur l'angoisse du retrait d'amour, « Si tu te salis encore une fois maman ne t'aimera plus », d'induire le besoin de protection, « Si papa est là rien ne peut arriver », le goût de la force, qui protège (qu'elle dit).

Il est facile d'appeler tout cela « amour », et de faire en sorte que ce soit ressenti comme tel, puisque ce sont les adultes qui définissent tout.

Ces besoins, qui sont produits, conditionnement, inversion des désirs, sont donnés (angoisse de l'abandon de la Mère, besoin de protection, Œdipe) par la Science Psychologique, comme part intégrante du psychisme enfantin, et conséquemment de la « nature humaine ». Voilà ce qui arrive quand on néglige de considérer le facteur « pouvoir » dans la relation. Si on le considère, voici la psychologie tout entière éliminée, au profit de la politique, et les psychologues doivent se recycler.

Le pouvoir produit et obtient ce qu'il veut — et tout ce qu'il obtient n'est que de la soumission.

Le pouvoir frappe l'amour d'inauthenticité.

L'amour pris dans une relation de pouvoir

L'amour, quand il existe vraiment, pour de bon, l'amour, vécu dans une relation d'inégalité affirmée, s'identifie à la dépendance, et cette union perverse enfante un monstre. Ça s'appelle le masochisme, les racines en sont profondes, et vont au-delà du sexe. Ce monstre court les rues l' constitue un vif encouragement à l'oppression

Litanie pour les jours lucides

Unique dispensatrice — Pourvoyeuse de vie — Toi qui mesures les dons, et qui règles la nourriture — Toi qui donnes ton amour — qui le reprends — qui le rends — qui le retires encore — Ton amour est comme les vagues, il va et il vient, et nous ballotte dans l'incertitude — Il nous recouvre et nous noie — Et il nous jette sur le sable — Nous avons peur de le perdre, et peur de l'avoir.

Seul refuge — Seule protection — Toi qui ouvres les bras si large qu'ils arrêtent la course — Toi qui nous as mis au monde, et nous gardes du monde, toi qui dis que le monde fait mal, blesse, coupe, pique, mouille, brûle, mord, salit et souille — Toi qui inventes la peur — Toi qui apaises la peur — Toi qui inquiètes, toi qui rassures   Toi qui sèmes les cauchemars et récoltes les larmes.

Toi qui nous gardes de ce qui n'est pas toi — Toi qui retiens dans ton sein, toi qui refuses le sein — Toi l'indispensable — Toi sans qui — Toi qui possèdes, toi qui veux — Toi mendiante d'amour — Toi qui répands ton cœur généreux et qui présentes la facture — Toi qui appelles aimer le besoin d'être aimé — Toi qui inverses le sens — Toi l'amour à l'envers.

Toi qui occupes toute la scène — Qui séduis sans concurrence — Toi qui interceptes les désirs, les fixes sur toi, et les ranges dans le creux des tiens, en conserves — Toi qui désincarnes.

Toi vase clos — Toi bouillon de culture à haute teneur en germes — Toi qui envoies des commandes que tu ignores — Toi qui transmets les ordres — Toi hypnose — Toi dont l'inconscient ordonne à notre inconscient, à travers les générations : Tu ne jouiras pas. Tu souffriras.

Impossibilité de l'observation

Que la réalité visible semble confirmer qu'il existe l'amour filial n'a rien pour surprendre. Le dominé est et dit ce qu'on attend de lui. On ne peut pas prendre ce qu'on voit et entend comme base de connaissance.

A la question : « Tu aimes tes parents? » — formulée même plus souvent « Tu les aimes tes parents? », un enfant n'a pas d'autre réponse que oui (oui mon colonel la soupe est bonne). La syntaxe contient la réponse et prévient un « non », qu'on redoute.

On demande rarement, sur un ton neutre, laissant le champ libre : « Aimes-tu tes parents? »

De toute façon, posée par une autorité quelle qu'elle soit, un expert, un inconnu, un membre de la famille, la question ne vaut pas.

La dépendance des enfants est telle qu'ils sont inobservables. On ne peut observer que leur dépendance, leurs réponses ne sont que le reflet des questions. Toute affirmation qui se voudrait objective est sans valeur, même puisée dans les textes écrits par les enfants eux-mêmes.

L'inconnaissable amour et l'inconnaissable non-amour

> « Je suis un monstre, annonça Harry. Je n'aime pas ma mère — Ben, dit Elie — Tu aimes ta mère, toi? — Bien sûr, dit Elie — Pourquoi bien sûr? — C'est ma mère, eh, je sais moi? »
>
> RACHEL MIZRAHI, *Harry*[4].

4. Grasset Ed. 1969.

Il y a trois moyens de connaître l'amour d'un enfant pour ses parents. Même quatre moyens : se souvenir de soi ; se souvenir de ce qu'on disait entre nous petits ; parler avec des amis non adultés qui se souviennent ; et la littérature.

Ces quatre moyens n'en sont qu'un : la méthode expérientielle. La bonne voie de connaissance en sciences humaines, puisque l'observateur modifie l'observé : la marge d'indétermination est trop grande.

Sans les écrivains qui se souviennent de leur expérience, on ne saurait même pas qu'il y a des enfants qui n'aiment pas leurs parents. Car on n'en trouve pas d'autre mention publique.

Mais c'est de la littérature ! Ce n'est pas du vrai !

Vous voyez. Ceux-là sont les derniers des derniers. Leur existence même n'est pas reconnue, on ne veut pas en entendre parler. Le consensus est tel qu'il ne peut les admettre : les dogmes sont sans nuances, ils ne peuvent inclure des cas d'espèce.

Sauf à pouvoir les rattacher à un consensus supérieur. Dieu, la Patrie... Les enfants peuvent ne pas aimer des parents indignes, criminels rejetés par la société elle-même.

Exemple : en U.R.S.S., comme jadis en Allemagne nazie, un enfant doit dénoncer ses parents opposants au régime. L'État est un super-parent.

Par ici, ça choque. Peut-être y comprendrait-on mieux que d'éventuels enfants de Baader renient leur papa ?

Exemple moins brutal mais de même nature : les enfants de divorcés, c'est-à-dire de parents ayant failli à leur devoir social, ont le droit d'éprouver une certaine tiédeur. Notez : ce n'est pas exactement qu'ils « n'aiment » pas : ils sont surtout malheureux de ne pas être aimés.

Il n'est pas censé exister des enfants qui n'aiment

pas des parents normaux. Ceux-là on ne les veut pas.

Écrasés sous le poids du consensus, ils ne se veulent même pas eux-mêmes, se renient, refoulent au plus loin leur non-amour coupable, le déguisent d'autres noms, pitié, respect, arrivent à le tuer et à aimer comme les autres, et même plus puisqu'ils ont à racheter leur faute. On ne peut donc pas les distinguer des enfants aimants. Ce qui ne facilite pas les recherches.

Il faut une grande bravoure pour se reconnaître et s'assumer comme un tel monstre, unique en son genre, à part du reste des humains, voué à l'aventure solitaire de la différence, aux actions autres, au génie peut-être...

Ne t'emballe pas. On ne sait même pas s'ils existent : car ils se taisent, ou réservent leur secret terrible à leurs amis de cœur, loin de toute oreille adultée et statisticienne.

Moi j'en ai rencontré ailleurs que dans les livres.

Moi aussi, mais puisqu'on ne peut pas les compter ça ne compte pas. Un moyen de mesurer l'empire du dogme serait une opération « Je n'aime pas mes parents », tel le « J'ai avorté » qui a brisé le silence des femmes. Malheureusement pour la vérité scientifique, les enfants ne peuvent pas l'entreprendre : ils n'ont pas, eux, de vedettes-parapluie, puisqu'aucun enfant n'occupe une position importante dans la société. Du reste, ils ne défieraient même pas la Loi par un tel acte : ce n'est pas la Loi qui ordonne aux enfants d'aimer leurs parents, elle ordonne seulement qu'ils tombent sous leur autorité. De sorte que chaque transgresseur (et non contrevenant) du dogme aurait à répondre chez lui, seul, à huis clos, sans les droits de la défense, et à la discrétion de son juge qui est en même temps partie. Chose non assumable.

L'enfant lucide

Pourtant, logiquement, l'éducation, étant une mutilation, ne devrait pas produire de l'amour mais de la rancune. Les Jivaros réducteurs de têtes par exemple, on ne les aime pas.

Bien sûr, si la réduction était vécue comme telle. Mais l'amour fait qu'elle ne l'est pas.

C'est une pétition de principe. Ce n'est pas logique.

Demande à l'ordinateur.

L'opération réductrice, tout de même, est risquée. Que pour une raison mystérieuse, coup de bol, maladresse, manque de chaleur, voire sabotage, la conscience n'ait pas été bien endormie et mise hors circuit, et voilà une petite personne, là, qui regarde, les yeux grands ouverts.

Tout le monde ne supporte pas ce regard d'un enfant : « Ne me regarde pas comme ça, croirait-on pas que je veux t'assassiner ! » Dans les institutions religieuses, on exigeait que les enfants aillent les yeux baissés.

L'amour des enfants lucides est difficile à garder.

Ou alors il faut être suffisamment estimable.

Tous les parents sont estimables, à part les antisociaux qu'on a vus passer plus haut.

Et les idiots ? Les idiots ordinaires et pas bons, les idiots machinaux, qui sévissent parce que ça se fait et qu'ils ont le droit, qui ne cherchent pas à comprendre, qui se trouvent très bien, qui peuvent lire le courrier et se trouver libéraux, sortir des bourdes énormes et se croire géniaux, envoyer des phrases meurtrières et se croire bons, la majorité qui demande des écoles plus sévères des prisons plus dures des cheveux plus courts des têtes plus coupées. Une foule d'idiots se promène sur la Terre tout le monde est d'accord là-dessus y compris les idiots, dans la rue dans le métro les avions Concorde, et sur la route donc! la route les exalte. La famille aussi, en famille chez eux ils peuvent se laisser aller impunément, et ne pas même se rendre compte qu'on les observe...

Chut, dans la famille il n'y a pas d'idiots.

Où sont-ils tous passés alors? La Terre en est pleine et dès qu'on parle des parents, plus un seul? Ce n'est pas logique.

Tu n'as pas à juger ton père.

Mais le mépris des jeunes pour les adultes, dont tout le monde parle, c'est pour qui?

C'est pour les adultes en général seulement, pas en particulier. N'as-tu d'ailleurs pas remarqué que ce mépris, selon ceux qui en parlent, va aux adultes démissionnaires, décadents, qui ont perdu le sens des valeurs morales hiérarchisées et de l'autorité, des antisociaux encore? Il ne va pas aux parents normaux. Les enfants pour leur père ont les yeux de l'amour, et pour leur mère aussi. S'ils ne les ont pas c'est des malades, et on les emmène chez le psy. « Indifférent », c'est un symptôme. Ça se soigne.

Ticlic ticlic. L'amour réel des enfants pour les parents est un inconnaissable absolu. Si vous voulez une réponse, retirez-moi le facteur « pouvoir » qui encombre tout le circuit. Ticlic.

C'est un sale coup fait à l'amour, de le changer en devoir : a priori on serait plutôt bien disposé envers des gens qui caressent et qui donnent à manger quand on a faim. Ils ne devraient pas à avoir à demander.

C'est un sale coup fait à l'amour, de le demander. On ne sait pas si on aime, ou si on ne refuse pas.

C'est un sale coup fait à l'amour, de le mesurer. Ça le rend petit.

C'est un sale coup fait à l'amour, d'investir les parents d'un pouvoir : on ne sait pas si on aime, ou si on se soumet. Ou si on aime la soumission.

C'est un sale coup fait à l'amour de lui faire une pareille propagande : on ne sait plus si on aime, ou si on croit aimer.

Quelle est la différence?

Ben...

Comment sait-on qu'on aime?

Ben...

Peut-être, lorsqu'on ne le demande pas, qu'on ne l'attend pas, qu'on ne le tient pas pour dû, ni pour acquis, qu'on ne force pas la main, qu'on ne menace pas de représailles s'il n'y en a pas assez, qu'on ne l'enfonce pas dans la tête à coups de marteau, qu'on permet de ne pas aimer, qu'on laisse du champ, et que nous aimons quand même, alors, ça pourrait être ça. Peut-être. Enfin, supposons.

Quel sale coup fait à l'amour, qu'on ne laisse pas la chance d'aimer ses parents.

« Chers parents. Si vous voulez que l'on vous aime alors d'abord, levez-en l'ordre. Et rendez-nous notre liberté de sentir.

« Quand on te réclame comme un dû ce que tu donnais, ce n'est plus donné, et vous n'avez rien.

« Si l'ordre n'était pas votre fait, vous avez été en tout cas bien prompts à l'accueillir et sans l'examiner, à l'appliquer. Vous ne vous êtes pas demandé si vous étiez " aimables " et si vous nous plaisiez — voyez comme cette formulation vous étonne. Notre amour vous allait de soi : ne voyez-vous pas quelle présomption c'est? Vous n'y avez pas réfléchi?

« Vous vous êtes dispensés de réflexion, ayant le droit.

« Mais voici qu'il vous faudra choisir entre le droit et l'amour. Car ils ne vont pas ensemble, et le premier empêche le second.

« Quand vous n'aurez plus de pouvoir, nous saurons si nous vous aimons, personnellement. D'ici là nous ne sommes que vos captifs bien aimés, ou mal, nous ne pouvons que vous complaire, et nos sentiments sont le reflet de vos demandes. Incapables de faire la part de l'amour et de la soumission, nous ne savons rien de nous-mêmes, ni de vous à qui le pouvoir fait un masque

« Dans l'attente de votre démission,

« vos filles et fils, incertains. »

L'ordre et désordre d'Œdipe

Comment vas-tu, Œdipe?
Mal. Personne ne m'aime. D'abord on me compromet dans une histoire qui n'a rien à voir avec la mienne, on me porte aux nues à ce titre ridicule. Maintenant ici tout diplômé sort de son trou et me plante une banderille, tout le monde dit que je ne tiens pas debout. Mon affaire est la plus illogique jamais advenue à un homme même mythique.

En revanche tu es une belle promotion de la société patri-capitaliste. Que sur du pur imaginaire se soit édifiée une industrie protéiforme, l'appropriation des âmes, « la nouvelle idéologie dominante » (Lapassade), et un des plus sûrs remparts de l'Entreprise, c'est tout de même une réussite.

Pour le lancement laborieux du complexe

d'Abraham, dit Œdipe, par Sigmund Freud lui même, voir, in *Cinq Psychanalyses*, le cas du petit Hans : une fois, le petit Hans a vu dans la rue un cheval tombé qu'on relève à coups de fouet. Depuis, il ne veut plus aller dans la rue. Diagnostic, établi avec la collaboration du père : Hans n'accepte pas la séparation d'avec la Mère. Noter qu'il ne veut pas sortir même avec sa maman, mais ça ne fait rien (l'analogie avec la systématique appliquée au cas de Jacques atteint de « phobie scolaire » est remarquable).

Maintenant, Œdipe existe : on le rencontre. Il a fait son entrée dans la « nature humaine ». On le rencontre à l'état pur principalement, à vrai dire, chez les enfants d'analysés, et, autrement, dans les familles au courant. Ce qui fait tout de même un peu de monde vu qu'Œdipe est largement vulgarisé. Il est plus rare chez les incultes. Et carrément absent partout où il n'y a pas pouvoir du père, ce que Malinowsky et Reich avaient du reste fait remarquer, et qui aurait dû donner à penser déjà à l'époque. Il a fallu attendre pas mal pour que la logique fonctionne. Aujourd'hui, des voix osent s'élever [5]. On finira par s'apercevoir qu'Œdipe est un artefact.

Mais si commode. Jamais une histoire aussi farfelue n'aurait pu prendre, si elle n'avait une fonction sociale éminente.

Le code œdipien occulte l'oppression des enfants.

*

Il soutient le pouvoir du père, le lave de l'oppression qu'il inflige — sinon comme personne,

5. Cités ci-après, et aussi . Kate Millet, *la Politique du mâle* (*Sexualpolitics*), Stock ; Luce Trigaraï, *Spéculum*, Minuit.

à titre d'instrument de transmission de la loi sociale.

Il rabat toute la vie enfantine sur le petit noyau familial[6]. Marqué par le rapport privilégié des premiers temps, le fils est attiré par sa mère, voilà le fondement et l'essence de tout. La fille par son papa c'est rajouté, il fallait bien faire quelque chose des filles puisqu'elles existent, on ne peut pas toutes les tuer. Ni en faire des lesbiennes : car enfin, dans ce rapport privilégié de l'« enfant » à la mère, comment se fait-il qu'on ne retrouve ensuite que les fils? N'importe quoi. Mais pas de n'importe quel côté.

Le code ainsi détourne l'attention des faits politiques[7] aussi bien ceux qui se déroulent à l'extérieur, que ceux qui à l'intérieur tissent les rapports familiaux.

On ne trouve pas trace, dans l'abondance de détails pris dans la vie enfantine, des relations spécifiques de classes entre l'homme et la femme que sont le père et la mère. Gros oubli. Encore une fois, l'oubli de l'oppression.

Les oppressions enchevêtrées

La demande d'amour monte du fond des frustrations accumulées tout au long de la vie par les adultes, et qui ordinairement ne sont pas de la tarte.

Comment répondre? Sauf à être tombé chez des gens qui ont des vies à eux et savent se faire plaisir. L'existence dans notre chère Entreprise fait que ce n'est pas très fréquent, à peu près tout le monde se

6. Guattari et Deleuze, *l'Anti-Œdipe,* Minuit, 1972.
7. Robert Castel, *le Psychanalysme,* Maspero, 1973.

178

ment à soi-même et fait contre mauvaise fortune bon cœur, c'est-à-dire inconscient malheureux. Du fond de l'inconscient monte la demande d'amour.

Les enfants sont appelés à combler des gouffres que l'oppression dans la société de classes a creusés. Ils n'y sont pour rien dans ces gouffres, et ils le savent. Mais on a beau savoir, ça fait mal, de prendre les retombées. Ça presse sur le plexus solaire (là, au milieu de la poitrine), ça tire sur les tripes. L'amertume en face s'exprime par des allusions grosses comme des maisons « On sait bien qu'on est la cinquième roue du carrosse », « Évidemment c'est meilleur puisque ça ne vient pas de nous »... ou une tristesse ostensiblement discrète, qui n'est pas moins lourde. Et en même temps que ça tire, ça communique une énorme envie de se tirer

« She's leaving home
After living alone
for so many years...
She's leaving home, bye, bye » (Beatles)
(elle quitte la maison — où elle a vécu solitaire — durant tant d'années...)

Papa, dit plutôt : le père. L'ex-petit garçon dressé à bloquer ses plexus, et à faire bonne figure à vie. Bon, il a des compensations, le pouvoir, le service. Et quelques armes : la force qui fascine, puisque ici la force fascine (si fragile, et sujette à effondrements mais ça ne se sait pas) ; il sent bon le vent du large, même si d'un peu d'essence mêlé, il va dehors, il est près de la vie (les encombrements, le métro, le bureau, l'usine) et de ses aventures rapporte des colifichets pour les petits colonisés domestiques. C'est lui qui mène la bagnole, même si mal. Il fait participer son fils à ses exploits (la belle paire de copains, loin du monde des femmes) — voire sa fille, que terrifie l'appel des cuisines.

Les vraies valeurs sont mâles. Il détient généralement le nerf de la guerre, il peut même l'acheter l'amour, si ça s'achète.

« We gave her everything that money could buy... » (elle a eu tout ce que l'argent peut donner)

« Daddy! Our baby's gone! » (Papa! notre bébé est partie!) (Beatles).

Sa gloire est manifeste, et sa misère cachée, qui ne fait pas pitié : il est souvent moins aimé, et moins longtemps, parfois même on le hait pour son pouvoir immérité.

Quel bien ça lui ferait, quel allégement d'avouer cette misère, et la fragilité. Le temps n'est peut-être pas venu, il croit encore avoir quelque chose à perdre.

Maman! Qui ne connaît ou n'a connu le goût de cet amour, le fond de goût amer de cet amour, amour garni-angoisse, garni-faute, goût de jamais assez, de jamais vraiment ça, goût d'impossible, mêlé à la sauce douceâtre de la pitié.

Elle est assise dans son malheur, dans son inexistence, renvoyée à ses tâches triviales ou à ses occupations futiles, selon sa classe économique (qui est celle de son mari) et toujours secondaires. Résignée ou amère, passive — et indigne pense l'enfant, qui s'y connaît en indignité : elle va au lit avec lui, qui la traite en quantité négligeable quand il ne vaut pas mieux qu'elle sinon moins. C'est ça le scandale.

Moral, pas sexuel, Œdipe porte le chapeau. Qu'ils couchent ensemble c'est bien normal et voyez-vous, une fois le mystère éclairci, on n'en a rien à foutre. Des fois, même, on n'est pas dupe de ce qui se passe là-bas. Alors, si elle n'aime pas ça, si elle vient de se faire remettre à sa place, ou si c'était le silence morne, pourquoi consent-elle? Et lui s'il la méprise, pourquoi le fait-il? Voilà ce qui fait problème, si pas blessure.

Le constat d'une agressivité contre le père, c'est bien vu (il n'y manquait que de la constater aussi bien chez les filles), mais aussitôt Œdipe court-circuite la ligne : le fils est hostile à son père parce qu'il est jaloux (les filles repartent dans la trappe), et voilà les raisons évidentes occultées. Qui sont et le rôle même du père, et le rôle du mari : la révolte des enfants devant l'oppression de leur mère.

Ça on n'en parle pas. Ça n'apparaît pas. Les enfants ne le voient pas, ils sont aveugles ou bêtes ou absents ou distraits ou dieu sait, on fait comme s'ils ne voyaient pas ce qui se passe entre leurs parents. Ils n'ont pas à le voir, quoi! En effet, il y a là un potentiel dangereux : il pourrait se créer un lien, qui ne serait pas celui de l'amour filial tel qu'il est ordonné, mais celui d'une communauté de condition. Des complicités qui se nouent quelque-fois, des protections mutuelles contre les abus de l'autorité, restent cachées, n'éclatent pas jusqu'à la conscience d'une même oppression. Dans la plu-part des cas c'est le silence, « on ne parle pas de ces choses », la famille d'ailleurs c'est le lieu du non-dit. A chacun sa croix, dans son coin.

O oppressions, en toiles inextricables
tissées. Nous nous y prenons nous-mêmes et l'araignée noire
là-bas loin cachée inaccessible
anonyme,
sans bouger, fait sa récolte.

« Chères mères. Allez-vous à la fin comprendre que nous sommes sur le même bateau, vous, et nous? Que nous avons les mêmes maîtres, que nous sommes attachés à la même corde, par les mêmes nœuds? Nous voulons dire : vous, toutes les femmes, et nous, tous les enfants.

« Quand vous mettrez-vous à aimer les enfants? Car, non, vous ne les aimez pas. Des enfants vous parlez en termes de trésor, ou alors, de gêne. Vous acceptez l'idée qu'ils sont *votre* bénédiction, ou bien *votre* oppression. En tout cas votre.

« C'est l'idée du maître que vous acceptez là : que les enfants sont " votre lot ".

« Ainsi il vous enchaîne à eux, et les enchaîne à vous, d'une laisse deux esclaves. Et les enfants deviennent des symboles : petit pénis symbolique, dit le maître, et en réalité : symbole de votre défaite sociale. Enfant-charge, enfant-revanche, enfant-compensation. Pas enfant-enfant, pas une personne.

« Croyez-vous qu'on ne le sent pas? On ne se sent pas aimé on se sent une chose. Objet. Non tu ne m'aimes pas chère maman, tu peux le crier sur les toits, ce que tu cries c'est encore : Au secours!

« Tu t'es investie en moi tout entière, vidée en moi.

« Retourne-toi, et regarde qui t'a vidée de toi-même. C'est le même qui veut me tuer.

« Quand cesserez-vous mères de nous utiliser pour compenser votre mutilation, au lieu de regarder en face ce qui vous mutile? Quand cesserez-vous de nous voir comme des prolongements, ou des chaînes, pour nous voir comme des êtres? Qui ont leur vie et s'appartiennent?

« En nous possédant vous vous faites avoir, et du même mouvement vous nous livrez.

« Finissez avec le faux amour, et commencez le vrai : détachez-nous. Ne serre pas le nœud aide-moi à le défaire. Laisse-moi aller, casse ma laisse, qui t'entrave avec moi. Débarrasse-toi de " ton lot ". Arme-moi, et envoie-moi vivre! Laisse aller le tien, et consens à nous aimer tous comme des sœurs et des frères en oppression. Fais cause commune enfin!

« Nous ne serons pas libres sans votre aide, et vous n'aurez pas votre liberté sans la nôtre.

« Lorsque, cessant de nous tenir, chacune son lot, son objet trésor à elle, vous nous parlerez de personnes à personnes, d'opprimés à opprimés, seulement là nous pourrons affronter ce qui nous ligote ensemble. Toutes les femmes, tous les enfants, tous ceux qui les aiment comme des personnes. Vous et nous c'est la même résistance, et l'amour entre nous seul véritable à présent, c'est l'alliance.

« Quand on en sera là on pourra commencer à parler de l'amour.

« Salut. Vos mômes. »

Le plaisir

Les sentiments, c'est un mode de sentir, que des personnes ou des choses ou quoi que ce soit t'inspirent.

On peut t'inspirer comme une musique, comme un paysage, une lumière t'inspirent. Alors tu chantes ou tu respires ou tu cours ou tu danses. Cette danse que tu fais peut s'appeler amour, peut-être.

Quand quelqu'un ou quelqu'une, qui est presque toujours la mère par ici, entre dans la chambre, annonciatrice de nourriture, peut-être de caresses, en tout cas c'est la fin de l'interminable solitude, les bébés font leur danse.

Il est reconnu publiquement que ce qu'ils veulent les bébés, c'est du plaisir. Et les plus grands, non?

Et les encore plus grands veulent de la Réalité, mot qui se prononce comme un absolu mais qui

183

réfère à cette réalité-ci la nôtre. Le Principe de Réalité c'est : écrasez-vous!

Pourtant des travaux récents[8] ont montré que c'est, en dernière analyse, le plaisir qui mène le monde. Eh bien. Il est temps. Quant à par quels chemins tortueux le monde est devenu le lieu de l'antiplaisir absolu, c'est une Histoire qui n'est encore que partiellement contée[9].

Mais heureusement, sans cesse recommencée : chaque sacré nouveau venu veut du plaisir, ne demande que ça, et par tous les bouts.

Dans nos cages de béton où il n'y a pas grand-chose à quoi prendre son pied, sa mère en est la source la plus productive (la seule souvent) et la plus accessible (tant qu'il est assez petit pour que ce soit décent, ensuite un peu de tenue tous les deux, le tabou de l'inceste dans ce sens-là est toujours aussi sauvage).

Les bébés sont attirés par leur mère, parce que c'est ce qu'ils ont.

Là, aiguillage. On a observé qu'une mère moyenne est plus répondante au toucher avec son garçon[10]; sans intention bien sûr. Le père lorsqu'il est caressant, se dérobe moins devant sa fille. C'est plus normal, pas vrai? Ils ont leurs schémas, eux, les pauvres. Et les bébés, analyseurs de gestes, répondent. Voilà un bel œdipe et une belle hétéro-sexualité dans le même filet.

Les adultes transmettent les schémas du plaisir.

Puis ils s'éclipsent de la scène, y ayant poussé la statue impavide de la Nature Humaine. « Il fait son œdipe. » Sourires, bravos discrets. C'est lui

8. James Olds. Campbell. Expériences sur rats, poissons et humains.

9. Engels, Marx, Nietzsche, Reich, Cooper. Laing. Rogers, Foucault, Illich, Guattari-Deleuze...

10. E. G. Bellotti, *op. cit*

bien sûr, qui fait ça. Nous? Jamais de la vie quelle idée, d'ailleurs nous avons un alibi : la Nature. Freud du temps de sa jeunesse étourdie laissa bien échapper quelque chose à propos de la séduction de l'enfant par l'adulte, mais se replia en hâte ayant aperçu où ça menait : compromettre papa, ouillouille, qu'est-ce que je vais me faire casser.

Les parents sont de purs esprits infiniment flasques (à part les brutes violantes répertoriées par les tribunaux, et exceptionnelles grands dieux), c'est toujours les petites canailles qui ont le diable dans le corps. Avouez, c'est pas vrai?

Si C'est vrai. On avoue. Le diable : le désir, de tout ce qui est bon et fait du plaisir. Si on les laissait faire les canailles n'auraient pas de limites.

Les adultes, eux, en ont des limites. Ils les ont payées assez cher, ils y tiennent. On a déjà eu bien du mal à se tuer. Il faut arrêter ça sinon. Sinon où on va, sinon tout fout le camp et nous aussi, et puis, ils ne feraient jamais des bons bureaucrates, ni de bons O.S., ni de bons pdg, leur avenir est compromis.

Les adultes ont peur. La « peur panique » soi-même.

Le plaisir, c'est dangereux. Rougeur subite de la jeune mère qui, la première fois qu'elle donne le sein, se met à jouir, personne ne l'avait prévenue et elle sent bien que c'est mal. Et ces nourrices autrefois qui baisaient les petits enfants au sexe tandis qu'elles les allaitaient. Ça devait faire des repas un moment assez riche. Et ces petits qui se caressent, devant le monde les innocents, le monde se détourne gêné, et la maman retire la main en disant que c'est pour son bien. Au petit, oh les hypocrites, c'est eux qui sont troublés. Les adultes se glacent devant les enfants parce qu'ils ont peur pour eux-mêmes et leur vertu si chèrement acquise.

Demi-mort sans vagues. Et comme les bébés cellulaires n'ont pas tellement l'occasion de grouiller ensemble, ça fait qu'ils n'ont pas grand-chose, comme ça ils s'habituent.

Il ne faut pas caresser trop les enfants, recommandent aux parents les publications à eux destinées.

Après avoir conseillé de les caresser un peu : la Science a montré qu'un bébé qui n'est pas caressé du tout (a-t-on fait l'expérience? Sur quelle sorte de bébés, de quelle couleur?) meurt. Il ne résiste pas. La vie ne vaut pas d'être vécue, sans plaisir, dit le petit humain avec tout son corps et âme.

Donc il faut les caresser. Mais pas trop, ça développerait la sensualité. Il faut caresser un peu, mais pas trop. Trop c'est trop. Assez pour la fixette, mais pas trop, afin de ne pas jeter dans les pattes des Maîtres des sacrées créatures vivantes! Non! Pas ça! Au secours! Œdipe, au secours!

L'amour entre parenthèses

Alors on est là. Un peu étonné par l'étrange accueil. Mais on essaye, encore et encore et encore. Elle entre et je danse, elle dont tout provient. Fais un câlin. Mais on ne demande que ça faire des câlins, grand énorme câlin permanent contre peau chaude douce, plaisir plaisir plaisir. Et partout. Mais non. Pas tant que ça, assez maintenant, fini, Grand câlin doit se rentrer. C'était une erreur on s'est trompé.

L'amour de chair qui était là tous désirs confondus manger toucher chier, sensuel? si vous voulez est-ce qu'on sait, oui, peut-être bien, comment voulez-vous autrement! bien sûr sensuel et même plus! — est repoussé, retourne d'où tu viens c'est pas comme ça ici. Sois sage.

186

Et l'amour est réclamé. Pas le même. Délimité, arrangé par zones. Décent. Habillé. Ici pas là, tout à l'heure pas maintenant. Un peu d'ordre s'il te plaît. Et attention : devenu monnaie d'échange. Si on aime sa maman on mangera sa bonne bouillie jusqu'au bout (quand on a envie de manger sa bouillie, et sa maman), si on fait un câlin on aura un bon gâteau (quand on a envie de faire un câlin). Quelle confusion. Cet amour (?)-là se constitue pièce par pièce. Tout à l'envers de ce qu'on sent, qui est le jardin des délices en entier d'un seul tenant.

Cet « amour » est un jardin de résidence secondaire : vous commandez votre jardin, l'horticulteur arrive, il commence par tout enlever, les herbes et les plantes sauvages (toutes médicinales vous ne le saviez pas bien sûr, ça s'appelle mauvaises herbes), et il met un gazon ras et des arbres résidentiels, taillés greffés stériles.

L'amour de chair le dangereux amour-plaisir est arasé, et l'amour résidentiel est mis à sa place, greffé taillé stérile.

L'amour vivant la mauvaise herbe magique est repoussé très loin, enfermé là-bas tout au fond oublié — et pourtant quelquefois surgit de ce puits qu'on croyait tari une gerbe, une fontaine, une lueur de l'étincelant amour des origines, d'avant la naissance le vrai visage. C'est pas souvent, c'est pas bien longtemps, mais ça monte haut. Et quand ça arrive, chaque ancien bébé, sans surprise le reconnaît. Le sentiment de re-connaissance, la joie des profondeurs.

On ne tue pas complètement l'amour-vie. Il demeure au fond de son puits,
comme un reflet du ciel
et de sa prison nous crie : réveille-toi.

HALDOL

C'est un « neuroleptique majeur ». De ceux qui font de vous la vache qui passe sa vie entière dans l'étable sans voir un brin d'herbe, la poule qui dans une cage qu'elle remplit entièrement, sous une lumière permanente, pond toutes les huit heures un œuf sans goût.

Pardon, si l'image intolérable des enfants morts-vivants a fait nécessité de rompre avec la règle élémentaire qu'on ne parle pas pour quelqu'un et sans sa permission — d'autorité, d'autorité d'adulte même si mal adulté.

Je m'arrête, non que ce soit fini, ça ne peut pas finir maintenant cette histoire, ça peut tout juste commencer, et continuer peut-être.

Si ce qui est dit là, avec ce qui se dit déjà, et enfin, de divers côtés, aide à formuler ce qui n'est que ressenti, à légitimer l'expérience, et à changer le regard depuis toujours jeté, du haut vers le bas, sur les enfants — alors bon, ça va. Salut.

DES LIVRES POUR LES ENFANTS

Elena Giannini Bellotti, *Du côté des petites filles*, Ed. « des femmes ».

Robert Castel, *le Psychanalysme*, Maspero.

Jeannette Colombel, *les Murs de l'école*, 10/18.

David Cooper, *Mort de la famille*, Seuil.

Cordelier, Klein, Leygnac, Millot, Viarmé, *l'Enfance malgré nous*, Mercure de France.

Gilles Deleuze Félix Guattari, *l'Anti-Œdipe*, Minuit.

Enfants libres d'Evolène, Éditions Rougemont Lausanne.

John Holt, *Escape from childhood*, Dutton & Co NY.

Ivan Illich, *Une Société sans école; Némésis médicale*, Seuil.

R.D. Laing, *la Politique de la famille*, Stock.

Laing et Esterson, *la Santé mentale, la folie et la famille*, Maspero.

Frédérick Leboyer, *Pour une naissance sans violence*, Seuil.

Malinowsky, *Mœurs sexuelles des Mélanésiens*.

Gérard Mendel, *Pour décoloniser l'enfant*, Petite Bibliothèque Payot.

A.S. Neil, *Libres enfants de Summerhill*, Maspero.

Wilhelm Reich, *la Révolution sexuelle*, 10/18.

René Scherer, *Émile perverti*, Laffont.

Summerhill, For and Against, Hart Publishing NY.

Michel Tort, *le Quotient intellectuel*, Maspero.

TABLE

Achevé d'imprimer en août 1983
sur les presses de l'Imprimerie Bussière
à Saint-Amand-Montrond (Cher)
pour le compte des éditions Grasset
61, rue des Saints-Pères, 75006 Paris

N° d'Édition : 6162. N° d'Impression : 1652.
Première édition : dépôt légal : février 1976.
Nouvelle édition : dépôt légal : septembre 1983.
Imprimé en France

ISBN 2-246-00988-X